in Action!
使用的書

in Action!
使用的書

頂尖大學的
高效思考課

如何用創意解決難題？數學家校長的腦力特訓班

Making Up
Your Own Mind
Thinking Effectively through Creative Puzzle-Solving

愛德華‧柏格 Edward B. Burger 著

張簡守展 譯

本書寫給具有以下特質的讀者：

● 深信教育能激勵人心、改變人生。

　　認為教育是為了促使個人更有效地思考，並能透過不斷精進的思考方式，建構及連結不同想法，進而創造更深遠的意義，推動個人持續成長。

● 懷抱學習心態。

　　不管是否正在接受正規教育，還是早就從學校畢業多時，都持續學習；懷抱同理心、擁有開闊胸襟、凡事抱持合理懷疑，並且認為要讓世界變得更好，必先自我提升。

● 喜歡透過益智遊戲練習高效思考。

　　這類益智題目有助於啟發新見解、找到原創解法，不僅能解決本書中各道難題，也能舉一反三處理生活中更重大的課題。

本書靈感來自：

　　自身長達半世紀的正規教育經驗。這趟旅
程從我還是一個患有閱讀障礙的年輕學生開
始，經過煎熬奮鬥，日後有幸擔任助教、講
師，成為學者、教授，乃至寫作出書、教授網
路課程，在數學界逐漸打開知名度，最後當上
大學校長。如今，這些經歷都是我教學生涯的
養分，幫助我在教育界持續創造讓人自我成長
的機會，希望能協助社會大眾不斷自我提升。

目錄

作者簡介

愛德華・柏格（**Edward B. Burger**）現任美國西南大學（**Southwestern University**）校長、數學教授。在思考、創新和創造力等方面的教學也獨步學界。

走遍全球，演講超過七百場，足跡遍及加州大學柏克萊分校（**University of California, Berkeley**）、哈佛大學（**Harvard University**）、普林斯頓大學（**Princeton University**）和約翰霍普金斯大學（**Johns Hopkins University**）等知名學府，以及史密森尼學會（**Smithsonian Institu-tion**）、微軟（**Microsoft Corporation**）、世界銀行（**World Bank**）、國際貨幣基金組織（**Inter-national Monetary Fund**）、美國內政部（**U.S. Department of the Interior**）、美國紐約公共圖書館（**New York Public Library**）、美國國家科學院（**National Academy of Sciences**）等重要組織。

著作等身，研究論文、專書及系列影片合計超過七十項。曾拍攝超過五千部線上影片，全球觀看人次多達數百萬；並與麥可・史塔博

德（**Michael Starbird**）合著暢銷書《原來數學家就是這樣想問題：掌握 **5** 個元素讓你思考更有效》（*The 5 Elements of Effective Thinking*），現已翻譯成十幾種語言出版。

　　愛德華・柏格也參與電視及電台節目超過五十次，包括美國廣播公司（**ABC**）、美國國家廣播公司（**NBC**）、探索頻道（**Discovery**）和美國全國公共廣播電台（**NPR**）；曾受到多家知名媒體採訪或引述他的著作內容或說法，像是《紐約時報》（*New York Times*）、《華爾街日報》（*Wall Street Journal*）、《新聞週刊》（*Newsweek*）、《赫芬頓郵報》（*Huffpost*）、《華盛頓時報》（*Washington Times*）、《奧斯汀美國政治家日報》（*Austin American Statesman*）、《休士頓紀事報》（*Houston Chronicle*）、《高等教育紀事報》（*Chronicle of Higher Education*）和《高等教育內幕》（*Inside Higher Ed.*）。

　　他曾任美國南方大專院校聯盟（**Board of the Associated Colleges of the South**）董事會主席、獨立書院理事會（**Council of Independent**

Colleges）董事，以及阿斯彭研究所懷伊學術研討會（Aspen Institute Wye Seminars）與美國大學協會（Association of American Colleges and Universities）的聯合董事。

柏格憑著在教育和數學界的成就獲得超過二十五個獎項與表彰。2006 年，《讀者文摘》（*Reader's Digest*）在「美國百大」（100 Best of America）的年度評選中，將他譽為「美國最棒的數學教師」（America's Best Math Teacher）。2010 年，他獲頒羅勃・佛斯特・雪利傑出教學獎（Robert Foster Cherry Award for Great Teaching），這是英語世界涵蓋所有學科領域的高等教育教學獎項中，最高的榮譽。同年，他參與了美國國家廣播公司製作的冬季奧林匹克運動會（Winter Olympics）數學專題影片，因而奪得泰利獎（Telly Award）的殊榮，這段影片於《今日秀》節目中播出。《赫芬頓郵報》將他選為 2010 年度「百大規則顛覆者」（2010 Game Changers），這項選拔囊括「一百位足以重塑自身專業領域並改變世界的人物，他們擁有革新思維、具備前瞻遠見、特立獨行或深具

領導力。」。2012 年，微軟全球教育網（Micro-soft Worldwide Education）將他評選為「全球教育英雄」。2013 年，柏格正式成為美國數學學會（American Mathematical Society）院士，隔年獲選加入德州哲學學會（Philosophical Society of Texas）。目前，他與美國全國公共廣播電台奧斯汀分部電台 KUT 合作的廣播《Higher ED》已邁入第五季，每週定期播放。這個關於思考與高等教育的節目可於網站 kut.orgtopichigher-ed 及 iTunes 收聽。

前言

一堂終生受用的
〈高效思考課〉

　　教育的每個層面都該為每個人的生命藍圖提供一片意義非凡的拼圖，讓人最終得以定義自我。這段具有創造力的過程不是為了灌輸特定觀點，而是鍛鍊個人思考能力，培養能真正獨立思考、有智慧的思考者，達到確立自我的目的。

　　本書就是在闡揚這種學習觀點和生活哲學，說明學術機構能如何挑戰及改變教育現況；本書也提及這套教育理念和我的教職同事又是如何啟發我開設「以創意破解難題的高效思考」（Effective Thinking through Creative Puzzle-Solving）這門新奇的課程。本書收錄了這門課許多的益智難題，提供讀者聚精會神動腦思考的機會，從中體驗何謂個人成長。不過，和傳統的解謎書不一樣，本書的終極目標並非解題，而是透過各式難題練習高效思考。

全心參與是學習不可或缺的態度，你必須積極參與自己持續一生的學習歷程。因此，若要發揮這本書的最大效益，請務必善用書中的難題，刻意練習高效思考的元素，未來更進一步將高效思考應用到真實人生遇到的挑戰及機會。

第五章收錄鍛鍊腦力的難題，第六、七章則提供解開這些難題的提示、運用高效思考過程後體悟到的洞見，協助讀者刺激思考。這些章節勢必能呈現高效思考實際運用的情況，但唯有先投入必要的時間和耐心，積極思考書中提供的挑戰、練習書中建議的思考方式，這兩章節才能發揮最大功效。

就像實際修我這門課的學生一樣，我也希望你能獨自創造靈光乍現的瞬間，擁有專屬於你的體悟和振奮人心的發現。思考難題或閱讀第六、七章的時，難免會遭受挫折，但請別因此而卻步——這些都是特別設計的挑戰，目的就是要激發你更多更好的想法。

總而言之，你的任務不是要一題接一題，快速解開本書的經典難題，就算有些題目你以前就遇過。你該做的是利用這些難題，仔細練習本書接著要提供的高效思考技巧。因此，不論是否曾經看過這些題目，都請你用嶄新的眼光面對；不論熟悉或陌生，你都要為了刻意練習高效思考，而用更豐富、更新奇的觀點審視這些題目。徹底思考這些難題，讓你有機會深刻學習、自我成長——這就是深具意義的教育最理想的終極目標。好好享受接下來鍛鍊腦力的時光吧！

發掘正規教育真正的價值與意義

重新認識正規教育，
讓自我智識的成長更豐富深邃

　　現在我們常聽到關於正規教育現況的討論，高等教育更是備受矚目，其中通常會特別強調教育成本日益高漲而需求日益萎縮的現象。然而，這一連串的討論往往缺少供給面的基本探討。正規教育要提供我們什麼？值得我們投注的時間和金錢嗎？其實，光是「正規教育」這個詞，定義就不見得清楚完備。

　　現在接受正規教育的目的變成是為了取得一張製作精美、印有優雅拉丁字母的文憑，之後再憑著證書上標示的學歷，像是高中、學士、碩士等，找到踏入社會的第一個工作，領到第一份薪水。這張文憑是賺取首份收入的必要條件，因此在現今的社會，文憑幾乎成了正規教育的代名詞。學生講求投資報酬率，而學校教職員、行政人員、父母和課程也迎合這樣的現況。甚至從學生和教師平常的言詞中，也不難察覺這個現象，像是「我得先擺平這項規定」、「我需要通過這門課的考試」。這些說法透露了一個更悲傷的事實：正規教育彷彿成了一場障礙賽，我們必須設法跨越途中橫亙的跨欄和阻礙，才能抵達終點，也就是第一份工作。

　　由於現況如此，不論是職場的企業主、立法機關還是學生，很多人無不妄想縮短漫長的求學期，趕快達成拿到文憑所

需的各種條件。如果這是我們努力的最終目標，那麼我建議以後應該先印好文憑，新生兒呱呱墜地時馬上頒發給他／她，一勞永逸，快速又有效率。

不過玩笑歸玩笑，深具影響力的正規教育應該是讓一個人蛻變的重要歷程，不該倉促行事。這樣的教育過程應謹慎規劃，投入時間、深思熟慮，尤其在這個缺乏耐心的時代，個人電子裝置助長了資訊爆炸、假消息猖獗，使我們分心，不易專注。我認為，取得文憑和找到第一份工作並非接受正規教育的目的，個人智識的成長才是教育真正的目標。也就是說，出社會能否順利找到工作不是重點，深具影響力的教育過程才是。教育是格局更大、提升人生高度的歷程，第一份工作只是其中一項重要的成果。

此外，正規教育這段提升智識的過程越豐富、越有意義，日後找到的第一份工作通常會越好，未來成功的機率也會越高。我們活在一個快速淘汰的時代，今天習得的技能要是一成不變，明天可能就會過時落伍，派不上用場。想在職場上蓬勃發展，最理想的方式是讓最真實的自我發光發熱——要能如此，你需要探索人類心智的多元樣貌，並找到你在智識上真正的熱忱和信念所在。

只要能找到對的施力點並投入心力，正規教育就能引導你探索人類心智的多元樣貌、深入挖掘各種知識和想法。所謂找到對的施力點，不只是思考某一主題本身、淺嚐即止，而是要

把重點擺在徹底探究這個主題，也就是先學習和消化研究這個主題運用的思考方式，再將這套思考方式放到生活的其他領域中刻意練習及應用，在探究的主題之間建構連結，使想法可以相互碰撞及交流。

然而，我們不能只是被動坐等這類的機會到來，我們必須主動追尋才行。而主動追尋的過程難免迂迴波折、令人備感煎熬。深具影響力的學習往往意味著需要踏出舒適圈。想要深入了解某一主題，必定得經過窒礙難行的崎嶇過程；過程中通常不會平順通暢，也無法隨意縮短時間。這趟旅程要能面面俱到且富有意義，就不能只是對照待辦清單，制式化地劃掉完成事項就心滿意足；也不能只是支離破碎、毫無章法地涉獵眾多主題、事實、圖表、理論、演算法和研究方法，這樣通常只會很快就忘得一乾二淨。

真正能產生影響的教育旨在打破現狀：挑戰一個人看待世界和自我的基本假設，並在學習過程中，對兩者產生更深入的洞見。進入大學時，我們或許打定主意未來想當律師，但我們仍需在接下來的求學期間不斷探索，最後才能確定真正的方向——沒錯，我們一開始擬定的計畫可能會被推翻，後來可能走上不同的路，成為數學家、大學校長或踏入其他截然不同的專業領域。事實上，十七歲時，我們的大腦尚未完全發展成熟，因此要在這個年紀幫未來的自己做出長遠的決定，很容易出問題，因為此時的我們甚至尚未完全了解自己。

我們終其一生都務必抱持開放的態度，任由自我智識的成長帶領我們邁向嶄新的方向，迎向意料之外的經歷。教育要有意義並對人生產生影響，重點在於給予個人蓬勃發展的自由，不斷成長才能有所改變。這種自我改變並非突然的變化，將個人的 DNA 重新設定、變成另一個人；而是漸進式的提升，經年累月緩慢地轉變，短期內甚至很難評估改變的程度。

面對前述這波高等教育價值受挫的浪潮，西南大學選擇不隨波逐流，還另闢蹊徑，致力發揮正規教育應有的影響力和意義。我們展開一段前所未有的旅程，推動以提問為基礎、訴求主動發現式學習（discovery learning）的體驗教育（experiential education），持續籌劃注重智識成長的教育計畫，試圖走出獨一無二的道路。

2017 年 2 月，西南大學教授一致同意實行一種全新的教法，每一門課中刻意提供學生前述「徹底探究」課程內容的機會，而非只是淺層思考。透過徹底探究某個主題，學生會發現運用在這個主題的思考方式其實還有更大的效用和力量，能用來思考其他領域的主題。而這些不同的思考模式可提供觀看世界的不同視角，不僅收穫更豐富、觀點更犀利，也更能融會貫通。

現在，在我們學校的課堂上，教授會激勵學生運用某一領域的思考模式，加強另一領域的思考模式，在看似毫無關係的領域之間建構起連結。舉例來說，藝術史課堂上學生鑑賞藝術品的思考方式，或許能對生物學課程有所助益，讓學生透過顯

微鏡觀察細胞膜時，避免疏忽細節。數學課上尋找數學規律的練習，說不定可以幫助學生在文學課中洞悉詩作中不易發現的結構和巧思。

　　建構這種連結需要練習。剛開始嘗試時，難免會抓不到訣竅，而且容易流於膚淺，但不能就此放棄。智識的成長靠的是不厭其煩地練習，切勿操之過急。在西南大學，我們把這種延伸課堂內容及刻意建構連結的教育計畫稱為派代亞（Paideia）。古希臘文中，派代亞（παιδεα）一字的原意是指針對菁英實施的人文及科學教育。至於西南大學的派代亞，指的則是前所未見的教育計畫，督促學生徹底探究每堂課程的內容，並將課堂運用的思考方式，與課堂外的想法和知識融會貫通。這樣的思考練習不僅是終身課題，也能廣泛應用到各種程度的學習。

　　現在，在我們的校園中，只要學生憑著自己的努力，在不同主題之間發現意料之外的關聯，他們時常會說：「我領悟派代亞了！」那是洞悉意義、對事物有更深一層認識的瞬間，相當振奮人心。他們靠著一己之力，發掘原本隱而未見的事實，找出原本未覺察的關聯，這就是原創思維和創造力的核心。若學生在大學部的每一門課中，都能積極實踐這種思考、創造及建構連結的方法，就能在離開西南大學時，帶著融會貫通的才學智識，隨時為自己、為自身所處的環境創造意義及帶來改變。

　　誠摯邀請你加入我們，追尋屬於自己的派代亞體悟；請永遠謹記在心，在教育和終身學習的旅程中，過程才是重點。

2

認識終身受用的
高效思考訓練課

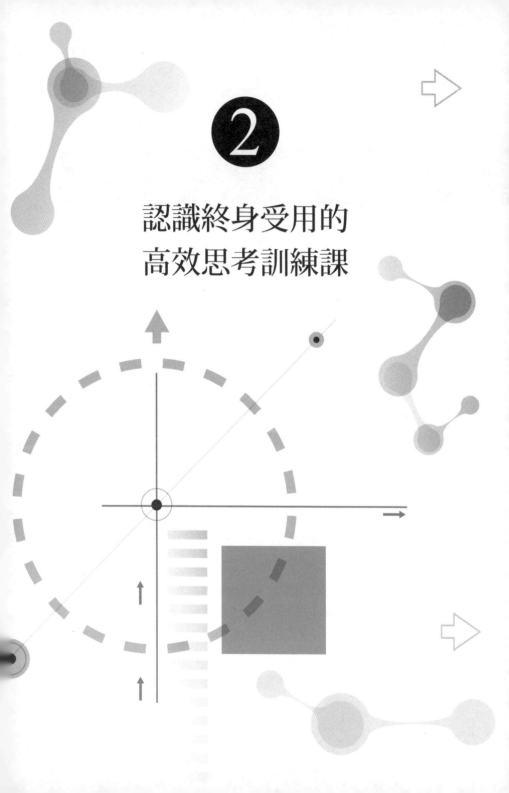

掌握課程界的《歡樂單身派對》的精髓，你也能自學

　　2015 年秋天，我決定實踐西南大學獨有的派代亞教育理念，追求極致的教育成果。我開設了「以創意破解難題的高效思考」（Effective Thinking through Creative Puzzle-Solving）這門課程。不過，最後學生成績單上所列的課名為「以創意解決問題的高效思考」（Effective Thinking through Creative Problem-Solving）。調整課名是考慮到企業老闆比較看重巧妙解決問題（problem）的能力，而且可能無法接受用難題（puzzle，有謎團、益智題、費解的人事物等意思）一詞指涉企業面臨的挑戰，即使兩者其實本質相同。事實上，不管是生活還是工作，我們每天都在面對各種難題，且困難程度不一。有些難題可能帶有問題的負面色彩，但人生的難題遠不止於問題而已。本書接著就會讓讀者親自體驗這門課程，附錄則有更詳細的課程介紹。

　　這是我教過最深刻的課程，但我幫這門課取了個有趣的別名 ──「課程界的《歡樂單身派對》」（Seinfeld of the curriculum）。這門課就像知名的影集《歡樂單身派對》*一樣，沒有顯

---

* 《歡樂單身派對》（Seinfeld）是一部受歡迎的美國情景喜劇，於 1989 年至 1998 年播出。這部劇以沒有主題、沒有主線為特色。

而易見的主題，但又試圖涵蓋一切。課程沒有短期內容，只有一個長期目標，也就是回答我所謂「教師的二十年問題」：從今天算起二十年後，我的學生還會記得我在課堂上教的哪些內容？我希望我的學生終其一生都能開心地練習高效思考，以此增進創造力、加強建構連結的能力、精進才能天賦，持續高效思考。

在這門課堂上，我們透過一系列難題來練習高效思考的思考模式。每週練習三題，其中一題相對直截明瞭、一題有點難度，最後一題則刻意具挑戰性。這些難題都是為了刺激思考。最終目標並非解開眼前的難題，而是反覆練習高效思考，盡可能從多種不同角度剖析題目。

成功破解難題就像拿到文憑，並非重點所在。這趟智識鍛鍊之旅本身才是重點。這趟旅程最後會讓我們找到富有想像力的洞見或解方；並且提高思考的敏捷度，起初只會從一個角度看世界，經過高效思考的練習後，就能以更開闊的視野看待同一個世界，豁然開朗。然而，要揚棄尋求快速解答的天性，轉而為了獲得啟發而耐心地深入思考，如果沒有大量練習，絕非易事。本書中的各道益智謎題正提供了所需的練習，減少旅途中的阻礙、讓這趟旅程能更自然地開展。

練習是本書的關鍵字。進入下一章後，你會發現許多刺激你高效思考的實際作法看似簡單直接，但真正的挑戰在於設法內化這些作法，融入個人的創意發想模式及日常思維。我希望

在閱讀本書的過程中，還有接下來的人生裡，你都能敞開心胸擁抱新的思考路徑和分析模式。如此一來，你的思考高度必定可以達到新的境界。

現在，邀請你參加這門獨一無二的課程，享受課程帶來的思考刺激。你可以盡情體驗不同形式的深思熟慮，利用書中提供的益智題和提示練習高效思考。要想確實練習高效思考，你必須積極主動，不能擺出高傲的姿態被動學習，要求別人「教你」。相反地，務必展現企圖心，主動創造機會去挑戰，並逐漸改變自己。自我智識成長的旅途中，學校、老師、教授、精神導師、甚至這本書，都只能從旁協助你──你才是這趟冒險旅程的主角；而這趟持續開展的冒險旅程，叫做人生。

練習高效思考的
思維模式

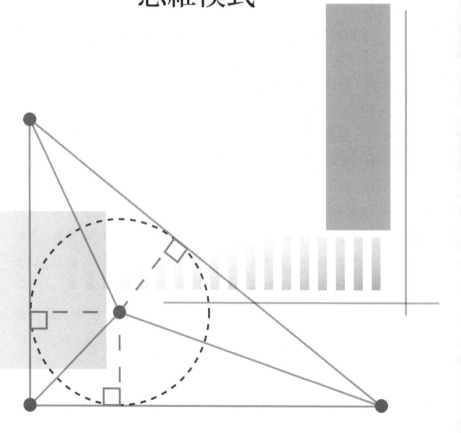

一探練習高效思考的實用技巧，你也能有效鍛鍊思考力

　　相較於比較常見的批判性思考，高效思考是相當新穎的詞彙。高效思考包括客觀分析，這也是批判性思考的一部份；不過高效思考更涵蓋創造力、原創力、專注投入和換位思考。此外，「批判性」時常帶有負面涵意，這種評判的色彩在「高效」思考中已不復見。要是我們能努力成為社會上具思考力的公民，真正發揮效用，而非只是一味批判，這個世界會更美好。

　　培養高效思考的思考模式曾在《原來數學家就是這樣想問題：掌握 5 個元素讓你思考更有效》（*The 5 Elements of Effective Thinking*）＊一書中正式介紹，並在其他不同作品和媒介提及，包括由美國全國公共廣播電台奧斯汀分部電台 KUT 每週製播的《Higher Ed》，本節目也能在網路上收聽。不過，《原來數學家就是這樣想問題》依然是查詢練習細節的最佳參考書，強烈建議當作本書的補充教材。

　　本章會先概述這五大元素，介紹運用這些元素的實際作法，並提供一則真實故事，示範高效思考實際自主運用的情

＊ 本書作者與麥可・史塔博德（Michael Starbird）合著，英文原文著作由普林斯頓大學出版社（Princeton University Press）於 2012 年出版。

形。第五章的益智題則提供你實際動腦的機會，讓你練習高效思考的技巧。希望你能透過這些益智小遊戲練習這種思考方式，進而在日常生活面臨更大的難題時，能自然地運用透過本書培養出的高效思考力。

高效思考的五大元素形同互相關聯的路標，能引導你主動學習、持續成長。各元素圍繞著深層學習和改變兩大概念，彼此相輔相成。要實際達成這兩個目標，並確立不斷刺激思考的成長路徑，就必須學會從失敗中獲益、精通提問的藝術，以及擁抱各式各樣的想法。這些彼此連通的思考模式，構成《原來數學家就是這樣想問題》一書的基礎。接下來的每道益智題中，你必須強迫自己運用這些元素，盡力發掘隱藏的契機、結構或模式。唯有如此，你才算真正深入了解難題的精髓，你看待每一題挑戰的方式也才會有所改變。理想狀況下，這樣的思考途徑會促使你領悟到新的見解，最終找到解決方案。

若希望接下來的每次練習都能有效刺激思考，你必須實踐上述的思考模式，並投入必要的時間，才有可能成功。每項元素一開始會看似「理所當然」，好像很簡單，但無疑都能強力刺激你的大腦細胞，讓你的想法更犀利。事實上，關於益智題的提示並不容易運用，都需要實際練習，而這正是書中益智題的設計目的。如果只是閱讀，甚至反覆閱讀接下來的內容，而未實際採取相應作為，對思考的影響有限。你必須親自嘗試每道題目，耐著性子撐過絞盡腦汁的煎熬過程，不是只為了解開謎

題，而是確實而謹慎地練習高效思考，最後能應用到日常生活中。所以，請不厭其煩地反覆咀嚼本章提供的高效思考元素和實際作法，以及之後每道益智題的提示，用這些來刺激思考，進而應對生活中的所有事情，不論事情的大小與嚴重程度。

高效思考元素一：深度了解

如果你問別人「懂了嗎？」，時常會得到「懂了」或「不懂」兩種答案，而這兩種答覆都不正確。理解其實是連續的光譜，不是一刀兩斷的二元對立。不管你當下的理解程度如何，只要有心，必定能更進一步深入了解。這個事實讓正規教育實務上可行，而這也或許是人類精神層面極為偉大的勝利：追求知識的過程中，我們永遠可以有意識地更深入探究。即使只是花點時間接受這個想法，就能帶來顯著的轉變。

無論情況如何，請篤定地告訴自己，自己並未完全理解眼前的問題。一旦堅定相信這個事實，心態就會立即改變。若已經預設自己有所不知，你更能發現理解上的漏洞。你應該這麼告訴自己：「這個問題還有某些層面我還不了解。我必須找到這些地方，努力從中理出頭緒。」督促自己進一步了解、以不同方式看待問題，是一項艱難的挑戰。以下提供三種實際作法，讓

你想得更深、激發出高效思考。

技巧一 從簡單處著手

　　非比尋常地深入理解簡單的事物是我們時常忽略、但其實相當有效的方法。藉此，我們能更清楚地察覺複雜事物的細節。遇到重大挑戰之際，不妨先從基本、甚至簡化的版本著手，為自己找到理解的立足點。接著，將簡單的情境延伸，更深入探討隱藏於表面底下的細節和結構。一旦在簡單的事物中發現複雜之處，你便能將原本棘手的情況看得更透徹。不過，這個建議本身就是一項挑戰。要能停下來專心審視自己認為再明白不過的地方，花時間看出不一樣的脈絡，其實很難。但只要實際演練這項技巧，必能漸入佳境。先從基礎開始，練習耐心鑽研簡單的情況，就能跨出重要的一步，更確實地掌握眼前多面向的問題。總之，建議你從簡單處著手，由淺入深征服複雜的事物。

技巧二 善用具體案例

　　另一個尋找新觀點的策略是常思考特殊案例或具體範例來暖身。有所收穫之後，便可延伸應用到一般情況。從微觀層面檢視問題，試著找出宏觀層面中隱藏的結構或模式。思考特殊案例時，不妨重新組裝你從例子中發現的特定結構，以發掘隱藏在原問題中的通則。唯有以不同方式重新塑造，才能理出重

要的見解。

技巧三 換句話說

　　若要深入了解任何事，建議你盡可能以不同方式加以描述。花點時間仔細思考每種說法，從中汲取新觀點。不要急，從各種說法中領悟到新面向後，再換下一種方式描述。透過不斷換句話說，你就能找到不清楚或誤解之處，而且要是換句話說涉及多種觀點，你也能練習到換位思考。

高效思考元素二：從失敗中獲益

　　儘管以社會氛圍或短視近利的標準來看，失敗都不是件好事，但如果失敗能發揮效果，無疑會是深層理解及發掘新知識的重要途徑。擺脫「失敗就是不好」的文化束縛，能讓你更容易邁步向前。你或許無法每次都知道怎麼正確行事，但必定可以每次都犯錯，而且這麼做就能從失敗中獲益：專注研究這次失敗的嘗試，將這個錯誤的一小步化為大躍進的動能，深入了解原本的問題，最終勢必可以順利解決問題。

　　同樣地，請觀察這個漸進的過程。你的目標不在於征服整座山，而是謹慎地往前踏出一步，然後看看能從這一步學到什

麼。很多人不理解為何要重視失敗及失敗可能帶來的收穫，但請容我釐清一點：失敗、犯錯並不是終點，而是重要的過渡階段，很多時候更是必經的過程。想像你在下西洋棋，失敗或是犯錯就像是棋子移動經過的方格；你為了讓棋子朝某方向前進，如果不走到這一格，就無法抵達你的目的地。然而，唯有從過失或錯誤的嘗試中悟出新的見解，失敗才算有所收穫。請記得，犯錯是最好的老師。但要從這位傑出的老師身上學到東西，必須耐心地琢磨每個錯誤的嘗試，直到從中獲得新的體悟為止。

技巧一 縮短每次失敗的時間

請放棄完美主義，轉而重視過程本身。因此，請加快失敗週期並欣然接受：不管手上的差事為何，試著快速做過一遍，別太拘泥細節。如果是要撰寫文件，別只是盯著空白的螢幕苦思，而是先任由思緒帶著你隨性發揮，即使寫出漏洞百出的草稿也不打緊。有了草稿後，眼前不再只是一片空白，你有一份粗糙的草稿可以改進。請開始檢討這份草稿，也就是找出可取的內容，同時挑出語意模稜兩可、尚未釐清之處。修改和編輯是寫作時有效反思前幾版草稿的方法，這些草稿品質雖差，但有存在的必要。因此，盡可能早早踏出第一步，並趕緊重新審視、修改第一次嘗試的成果，並從中學習。再次強調，要有最初尋求靈感的嘗試，靈感才可能湧現；而在這種情況下獲得的靈感也才會真的有幫助。

技巧二 反覆失敗

喜劇演員史蒂芬・萊特（Steven Wright）曾說：「如果你是那種不會一次就成功的人，跳傘絕對不適合你。」這句話很中肯，但跳傘沒有成功的話，別忘了還有一頂很棒的降落傘，可以帶你安全地探索新視野。假設今天我們接到一項艱鉅的挑戰，並嘗試解決，結果失敗了。正常來說，我們應該會感到氣餒。不過，要是提出挑戰的人也告訴我們，想達成這項艱難任務，必須先失敗十次。有了這個指示後，我們第一次失敗時的心態必定截然不同。我們反而會想：「一次了，還有九次，算是有點進展！」不過，會有進展，是因為犯錯之後花時間分析失敗的原因，讓失敗的經驗引導你找到新的見解，這是恆久不變的道理。因此，請坦然接受犯錯十次這項前置工作。經過十次失敗後，請坦然檢視所犯的錯誤，大膽質疑你篤定的事情，看看能得到什麼結果、能有什麼突破。

技巧三 刻意失敗

藉由探索為什麼原本的嘗試行不通，每一次的失敗都是更深入了解問題的敲門磚。若將這個道理延伸到極致，意味著要是想更進一步了解，你就應該刻意失敗，以催生頓悟的瞬間或嶄新的觀點。因此，不妨思考極端案例，先去除所有真實存在的限制條件，構思全然不切實際的想法和解方。接著，思考怎麼將這些天馬行空的想法改造或形塑成聰明務實的解決辦法。

這些解決辦法要是沒有原先不切實際的嘗試，就不可能誕生。查明關鍵的出錯點、研究出錯點及相關的種種因素，說不定因此找到富有新意的寶貴體悟。更一般的情況而言，你可以直接先運用錯誤的方法或直接回答錯誤的答案，強迫自己深入探討錯誤本身，試圖從新的角度看透問題的某個面向。

高效思考元素三：勤問問題

深入探究問題最直截了當的方式，就是勤問問題。即使並未真正問出口，這些疑問還是能在我們的人生旅程中，促使我們脫離被動旁觀者的身份，成為主動的參與者。

採取隨時問問題的動態思考模式有助於深入了解事務。除了自我要求，也別忘了影響周遭的人。請避免這樣提問：「有任何問題嗎？」相反地，你應該預設所有人都全心投入，因而改口問道：「你們想問什麼問題？」或「你們想跟大家分享什麼問題呢？」這樣督促自己不僅可以激發好奇心，也才能有新的發現。

技巧一 做自己的蘇格拉底

問問題時，試著跳脫事物本身的內容，退一步著眼於事物的本質，永遠有助於看清整體情況，很多時候更能迫使你聚焦

在真正的挑戰上。自問：「這裡真正的問題在哪？」能幫你坦然接受自己可能搞錯了事情的癥結或提問的方向。舉例來說，與其設法解決通勤路上交通壅塞的惱人問題，你或許可以想辦法讓漫長的通勤路途較不枯燥乏味，甚至更有生產力。考慮其他可能時，「要是……，會怎麼樣？」的提問方式能調整你思考的重點與角度。盡可能敞開心胸，著眼大格局提問，才能掌握問題的整體情況。

技巧二 著眼基本面提出疑問

問問自己一些基礎問題，從基本面尋求突破。即使只是問「最簡單的情況會是怎樣？」和「當時的情況雖然無關緊要，但究竟發生了什麼事？」都是很有力的手段，能帶你深入原本那個更難捉摸的情境。

技巧三 多方面推敲

不管你的思緒是否卡住了，你都能試著考慮其他層面，這麼做不僅可以重新定調思考模式，也能調整思考的角度，以全新的角度切入問題。思考：「那個不一樣但相關的問題是什麼？」或「從相反的角度來看會怎麼樣？」這些問句都可讓你從多元的角度看待問題，產生豐富多元的洞見和想法。

高效思考元素四：順從想法的脈動

每當有人提出新想法，我們常為此歡欣鼓舞：「鮑伯剛剛想出了一個好點子——值得買個蛋糕慶祝！」我們很喜歡巧立名目吃蛋糕慶祝任何事情，但事實上，想出了新點子永遠只是開端，而非結束。獲得新洞見或想法後，真正困難的創意工作才開始，也就是問：「接下來呢？」透過思考新想法與其他事物的關聯、將想法普及到更大的情境，或是套用到毫無關係的情況，其實都是在形塑創造力，這不僅刺激思考，還能促進創新。然而，要產生超前現狀的想法及想像後續發展，從來不是一件簡單的事。

我年輕的時候，電話是向電信公司租來的設備，一個方形盒子固定在牆上，上面還有旋轉撥號盤。

後來，按鍵式電話問世；接著，電話也可以只買不租；再來，出現了像磚塊一樣的行動電話。現在，智慧型手機已經可以和你的手錶連線，能打電話、播放影片、拍照，甚至還可以向餐廳訂位。小時候我曾想過，科幻影視作品《星艦迷航記》（Star Trek）中科技感十足、像極了掀蓋式手機的通訊裝置會不會有一天出現在現實生活中。如今，由於我已經目睹了電話演變的歷程，而且科技的進步帶我們進到可以用手錶打電話的時代，我已經很難想像未來電話還會如何發展。

然而，現在的小孩只知道智慧型手機，要是他們好奇科幻作品的想像是否能變成未來生活的現實，智慧型手機就是他們思考的基礎。經歷孕育、甚至只是觀察新想法的過程後，要忘掉這趟漫長的思考過程，只著眼於當下的成果，將當下的成果視為後續發展的起點，的確是一項棘手的挑戰。

請挑戰自己、接納每一個湧現的新想法，讓各個想法誘發出有如孩童般天真的提問：「接下來會怎麼樣？該怎麼替這個新想法找到新用途；如何延伸、重新應用，或普及這個概念？」總之，隨著流動的思緒自由發想吧！

技巧一 考慮各種可能

只要情況允許，請考慮所有可能的發展，即便是明顯不可能的情形也別輕易放過。循著每種情境走到盡頭。或許不是全部，但大部分時候都會繞入死胡同。即便如此，請從每次失敗的嘗試中反省出收穫，之後探索其他可能的方法時，實際應用這項新收穫，找到最終結論。要是結果只有幾種可能，不妨逐一檢視，思考為何大多數情況不會發生，這麼做就能發現哪種可能一定會成真。

技巧二 敞開心胸，化懷疑為力量

挑戰自己偏限的想法和主張，看看能有什麼發現。擁抱不同的觀點，就能看清複雜事物多方面的特質。事實上，換位思

考，或稱作同理心，時常能引領你從截然不同的角度思考事情，並促使你發掘從未有過的視野。因此，建議你反向思考，或考量其他可能情形；甚至違背直覺，朝看似不可能的方向探索。總之，試著從所有角度仔細切入一件事。若是政治或社會議題，請勿將同理和同情混為一談。你可以從其他觀點理解議題，但不一定要贊同這樣的觀點。

請將懷疑視為一種力量。不妨自問：「要是我錯了呢？」並讓心思自由馳騁，思索原本的想法可能帶來的結果，看看最後能發現什麼。請記住，懷疑的相反並非肯定、確定，而是心胸狹隘。請隨時保持寬大的胸懷。

技巧三 不輕言放棄

就像其他促進高效思考的元素一樣，想要順從想法的脈動，必須堅持不懈，才能釐想法發展到最後的結果。在某個想法帶領你找到新方向、意外收穫，或讓你對無關事物產生新洞見前，千萬別輕易放棄那個想法。每個新想法都代表一個起點，而非終點。所以，請務必任思緒自由流動，直到有所發現。

高效思考元素五：擁抱改變

要能依照本書建議的技巧運用高效思考的各項元素，其實並不容易。只有經年累月地練習，這些思考模式才會變成自然的習慣。這樣的轉變呼應著教育和思考的精髓：改變。戴上高效思考的眼鏡後，我們看待想法、大自然、彼此和自我的方式就會隨之改變。有意義的教育奠基於一個不爭的事實，就是我們真的可以改變。這裡的改變，不是將我們變得不像自己，而是隨著時間淬鍊，持續而穩定地成為更好的自己。

改變可以很可怕，有時甚至威脅到我們的存亡。這裡推崇的是持續逐步演進的漸變，並不是突然發生或具破壞性的驟變。小幅、漸進的改變最後能徹底轉變我們的思考模式，以及我們與世界互動的方式，但這需要時間。雖然急不得，但我們可以讓這個過程更順暢。其實，人要活得健康自在，就應該處於持續改變的狀態。我們應該要不斷有新的發展和進步，而只要是呼應這種變動觀點的思考模式，都應該由教育好好推廣、培養我們具備這種思考能力。這種變動觀點更具體地說，就是追求兼具智慧和創造力的想法，並同時保持開放的胸襟，能不斷學習、成長及改變。如此一來，才能有深刻的理解與嶄新的發現。

因此，認真推敲接下來的難題、練習高效思考的過程中，

請留意難題本身產生的變化。和一開始對題目的理解相比，當你鍛鍊自己更深入了解這些難題後，對題目的理解勢必會有所不同。本書的最終目標是要改變你思考難題的方式，難題不只是本書的益智題，更包含生活中的各種難題。

　　以上這些刺激思考的技巧對你來說一定還很抽象，你需要具體的情境實際應用這些技巧。從第五章開始的益智題正好提供你極具挑戰的情境，方便你練習前述的思考模式。本章最後，我想分享一個真實故事，除了說明高效思考元素的實際應用，也證明所有年齡層的人都具備啟發自己運用高效思考的能力。

小莫的成功案例

　　7 月底左右，我到麻州探望好友。他們有個剛完成三年級課程的兒子小莫。小莫問我能不能教他寫討人厭的暑假數學作業。有一道題目引起我的注意：

　　現在你有 36 個甜甜圈。如果要把甜甜圈分成兩排，每一排的數量相等，請問每一排有幾個甜甜圈？

對你跟我來說，這個題目等於在問：「36 的一半是多少？」但對小學三年級的小莫而言，他對題目的理解是「哪個數字相加兩次會得到 36？」小莫是很聰明的小孩，我問他懂不懂題目在問什麼，他回答「懂」，接著便拿起紙筆，準備計算。但時間一分一秒過去，他卻沒有任何動靜——他呆住了。他皺著眉頭，似乎在「用力思考」。某種程度上來說，他遇到了「思想便秘」的症狀，即使再努力，腦袋就是榨不出任何想法。

從高效思考元素的特質來看，我們可以發現，更有效的思考不代表一定要更用力思考，反而是要以不同方式思考。所以，我先請小莫不要繼續煩惱了。一聽到我這麼說，一臉困擾的小莫立即恢復平常神采奕奕的模樣。接著，我告訴他：「每次我說『開始！』的時候，你要快速講出一個你覺得一定會錯的答案。」他滿臉疑惑地看著我。我隨即問道：「準備好了嗎？」他猶豫不決地答道：「我覺得……。」我立即發號司令：「開始！」他也立刻回答：「16！」

當然，16 是很稱職的錯誤答案。數字 36 和 16 都是以 6 結尾，有一致的數字規律；而且因為題目是要將 36 分成一半，16 至少比 36 小（要是他回答 116，我可就頭大了），這表示他已經有點進展。我沒有跟小莫分享這些內心的想法，而是跟他說：「很棒！現在告訴我為什麼這個答案不對。」現在，小莫總算有件具體的事可以做：驗算他自己提出來的答案。他謹慎地將 16 和 16 相加，發現總和是 32。他看著答案想了一下，終於宣

告：「喔，太小了……答案一定是 18！」就這樣，題目解開了。

　　注意，小莫全神貫注想一次找出正確答案時，幾乎陷入進退兩難的窘境而毫無進展。然而，在他收到以過程為上、刻意失敗的指示時，他反而能迅速、篤定地找出正確答案。另外，觀察我在這個真實案例中扮演的角色，也能有所啟發。過程中，我提供了以下兩項指示：

　　「快速講出一個你覺得一定會錯的答案。」
　　「很棒！現在告訴我為什麼這個答案不對。」

　　我並沒有教他任何數學，事實上，他根本不需要我教。要是小莫使用上述兩項指示自我督促，先找到一個錯誤答案、從失敗中理出頭緒，接著順從思考的脈動，他就能自己找到靈感，進而更深入了解問題，完全憑自己的力量找到正確答案。藉此，他可以擺脫疑惑不解、不知從何開始的窘態，進而靈光乍現，成功破解難題。換句話說，他自己就擁有改變的力量。你，當然也可以。

Making Up Your Own Mind

4

釋放你的能量
透過高效思考改造自己

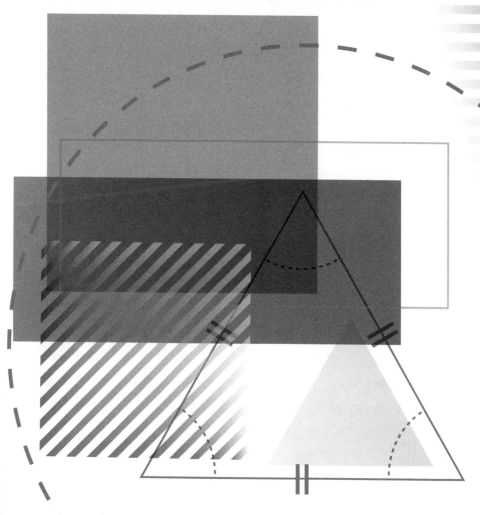

要能先建立自我，
才能改變未來

　　高等教育中，我們時常看到很多教育工作者希望學生解決世界上無止盡的問題和不公不義的現象。他們向學生描繪悲慘的現況，使年輕的心靈倍感沮喪、疲憊不堪。很多時候，這些教職人員本身就相當挫折洩氣，學生很快就感染這股情緒，感到厭倦憤慨、不知所措又一籌莫展。這些教育工作者立意良善，他們試著拯救世界的方法是教導學生眼中只看見問題，並進而訓練學生聚焦問題來行事。

　　「一早醒來，我總是在憂國憂民和享受生活的兩難之間拉扯。這讓我很難規劃一天的行程。」
　　─美國作家 E. B. 懷特（E. B. White）

　　然而，我認為每個人都值得受到鼓勵，著眼於尋找機會、創造可能性，而不是受制於問題本身；並且能順利達成為自己設定的目標，其中包括為這個時代許多確實存在的問題找出別出心裁的解決之道。要能如此，最好先透過極具挑戰，同時也令人開心的智識訓練提升個人層次，進一步才有能力改變世界。我們得先自我提升，才能讓世界變得越來越好。

只是，我們有時無法如實判斷自己的能力——我們有時太低估自己，因此無法適時挑戰自我、實現更高的期待。我們每個人都是一幅拼圖作品，一片片拼圖代表著各個啟發及教導我們的人們，像是家人、好友、學校老師、良師益友，甚至陌生人。我們不斷蒐集這些拼圖，逐漸發展出自己的思考模式、形塑出自我。這種自我形成的轉變很不容易，因為我們通常無法洞悉自己深藏的其他潛力，也不可能預測未來。這種曖昧不明的特性正是挑戰所在，我們緩慢、持續地向前行，卻並不清楚最後會走到哪裡。雖然如此，仍要設法緩步前進，透過智識訓練自我提升。這個過程雖然崎嶇蜿蜒，但徐徐向前時，你的身心狀況、創造力和思考力必然會大為改變。

　　希望你能享受透過本書，探索我這門《歡樂單身派對》風格的高效思考課。接下來的益智題非常引人入勝，邀請你從中尋找能激發出新想法的契機。建議你為自己預留充裕的時間和空間，單獨一人安靜思考。撥空沈澱心思，遠離生活瑣事和電子產品，安靜地探索當下的思緒，感受最真實的情緒。練習高效思考的沈思藝術。透過這些刻意經營的平靜時刻，你不僅能更深入內心，重新喚醒沈睡已久的換位思考能力；也能重獲更深刻的快樂，而這種快樂每個人都應該親自體會。

　　要達到這種境界，的確需要抱持一定的信念——相信自己擁有思考、創造及建構連結的能力；並深信你可以透過實際作為，成為比現在更好的人。成為更好的自己，是生而為人非常

幸福的一件事：讓自己著眼於尋找機會、創造可能性，並不斷自我提升、不斷成長、不斷學習、不斷進步，時時追尋新的一天更耀眼的日出，同時也懂得欣賞每一天絢麗動人的日落，送走一天之後，迎向更燦爛的明天。

5

動動腦解題
先從小事化大開始

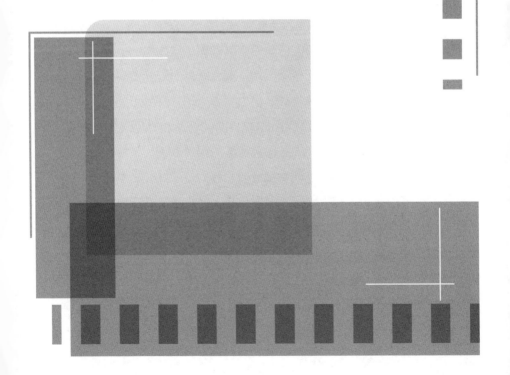

所有益智題都是你的遊樂場！
用難題鍛鍊高效思考力

　　面對這一章的每道難題，你要設法運用高效思考的五個元素，並且盡可能從多個角度切入題目。你隨時可以翻回第三章反覆溫習，幫助自己進一步思考。從本章開始，所謂的成功並非解開題目，而是有效地深入思考這些難題，並將同一套思考模式應用到其他地方。即使你曾經看過一樣的難題，或甚至根本就記得解法，你還是要不厭其煩地運用高效思考，挑戰自己是否能從嶄新的角度重新審視題目，甚至找到新的解法。

　　思考任何難題時，如果想有點進展，建議你除了要在心中反覆琢磨，也可以參考第六章。第六章針對每一道題目，提供一些刺激思考的明確步驟。第七章則更深入解析，說明高效思考能如何引導你審視眼前的益智題，以及本書以外類似的難題。不過，如果要從中獲得最理想的鍛鍊效果，不管你是否順利解題，請務必先投入大量時間和心力自己好好思考一番，再參閱第七章。每次解開一道題目後，你也可以閱讀第六章和第七章的相關解說，將其中可能不一樣的觀點與自己的思考過程互相比較。

　　記住，感到沮喪、挫折是健康的情緒，也通常是真正的學習和成長必經的過程。因此，我希望你能把第七章視為另一種

形式的難題等著你解開，閱讀時就像在破解密碼；同時也將第七章的內容視為一種隱喻，讓你了解到每個問題、甚至只是文字敘述本身，只要從不同角度審視，看起來都會完全不一樣。不過，即使你不打算探索本書這些不尋常的特色，我依然希望你能讀一讀第八章，也就是本書的結語，以此暫時為這趟旅程劃下句點。

對於求學時始終追求九十分以上的讀者，我想不厭其煩地提醒，書中難題的解答，就像正規教育的那張文憑，並不是重點。真正的重點在於旅程本身，也就是發揮創造力的這個過程。如同音樂家不斷琢磨演奏技巧，最後才能用樂器演奏出美妙的音樂；同樣地，我要鼓勵你利用書中新奇有趣的益智題練習高效思考，最後能自然應用、解決人生中更大的難題。所以，請不要快速解題，解開後就馬上跳到下一題；相反地，請放慢腳步仔細思索每一題，在深思熟慮中有所領悟、找到自己的「派代亞時刻」。只要運用高效思考深入探索這些益智難題，你的智識必能更上一層樓。

最後，徹底思考過某一道難題、進入下一題之前，請花點時間問自己：我剛才練習了哪些高效思考的技巧？這些技巧為我帶來什麼樣的新洞見或想法？我現在要怎麼從不同的角度審視這道題目？之後，再試著將這些收穫和練習的成果運用到其他情境。

現在，盡情享受高效思考帶來的挑戰與喜悅吧！

挑戰 ①

請利用以下情境練習高效思考。

1-1 究竟誰是誰？

某個下午的大學校園裡，兩個大學生在聊天，一個主修數學、另一個主修哲學。

「我讀數學系。」黑髮的學生說。
「我讀哲學系。」紅髮的學生回道。

假設其中至少有一個人說謊，請問數學系學生的頭髮是什麼顏色？

1-2 六等於八

請畫出 6 段等長直線，排成 8 個等邊三角形。

貼心提醒：等邊三角形的 3 個邊等長，而且每個角都是 60 度。

❗ 這題有很多種解法，請運用各種高效思考的技巧，盡可能找出最多解答。

1-3 缺角的棋盤

假設現在有一塊 8×8 的標準西洋棋盤及數量充足的骨牌。每張骨牌可以剛好蓋住 2 個正方形棋格,請對照下方最左邊的棋盤。解題前,請務必了解骨牌能排滿整塊標準棋盤,每張骨牌都能正好蓋住 2 格,而且彼此不重疊。

假設現在棋盤如下方中間的圖所示,左上角和右上角分別切掉 1 格。你的第一個挑戰是要確定骨牌能否排滿這塊缺角的棋盤,骨牌不能重疊,而且每張骨牌一樣只能蓋住 2 格。最後,若將棋盤切割成下方最右邊的樣子,骨牌是否還能鋪滿棋盤呢?請作答,並說明理由。

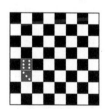 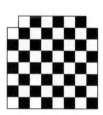 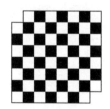

| 1 張骨牌
放在棋盤上 | 棋盤右上角和左
上角各裁去 1 格 | 棋盤切掉
對角的 2 格 |

挑戰
②

請利用以下情境練習高效思考。

2-1 三個開關、兩間房、一顆燈泡

　　某棟奇特的建築裡有兩間無窗的房間,兩房間以一條非常蜿蜒的長廊連接,因此無法從任一間房間內看到另一間房間。第一間房間內設有三個外觀一樣的開關,目前全處於電源關閉的向下狀態;其中二個開關無作用,第三個則可開啟及關閉第二間房間書桌上的舊式檯燈。請問至少要來回走廊幾趟,就能確定哪個開關可以控制另一間房間的檯燈?

2-2 走兩步從 5 格變 4 格

　　右頁的圖是 5 個 1×1 的火柴方格。在不折斷或拿掉任何火柴的情況下,只要移動 2 根火柴的位置,就能讓 5 個方格減少到 4 個。請問要怎麼做?

❶ 每根火柴都必須構成方格的一邊,也就是說,火柴之間不能有開口或未相連的情況。另外,火柴也不可疊放。

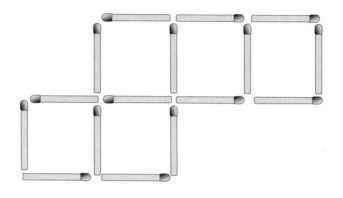

2-3 線香慢燃

有 2 根不一定等長的線香，如果各從一端點火，1 小時後都可以完全燒盡；但並不是等速燃燒，也就是說，線香燒到剛好一半的長度時，所花的時間不一定是 30 分鐘。若只有這 2 根線香和幾根火柴，而沒有任何可計時的鐘錶，是否能測得剛好 45 分鐘？請說明你的答案和理由。

挑戰 3

請利用以下情境練習高效思考。

3-1 連環是非題

請判斷以下 10 個句子的真偽:

1. 這 10 句中,有 1 句是錯的。
2. 這 10 句中,有 2 句是錯的。
3. 這 10 句中,有 3 句是錯的。
4. 這 10 句中,有 4 句是錯的。
5. 這 10 句中,有 5 句是錯的。
6. 這 10 句中,有 6 句是錯的。
7. 這 10 句中,有 7 句是錯的。
8. 這 10 句中,有 8 句是錯的。
9. 這 10 句中,有 9 句是錯的。
10. 這 10 句中,有 10 句是錯的。

3-2 高效思考與 4 頂帽子

專心練習高效思考的 4 位聰明學生 A、B、C、D 自願參加

一項刺激思考的解題活動。他們同意進入放滿多色塑膠空心球的大球池，讓球淹到下巴。他們依指示排成一直線，並同意保持不動，所以只能直視正前方。現在有塊不透明、不反光的大型隔板，兩面皆寫著「持續高效思考！」，這塊大型隔板將其中一名學生與其他人隔開，請見下圖。所有學生都面向無法看穿的隔板各自思考，而且都知道彼此的位置。

　　接著，這個解題活動的主辦人在所有人頭上戴上帽子，如圖所示。所有學生都知道共有 2 頂黑帽、2 頂金帽，但不清楚自己頭上帽子的顏色。如果有人能正確說出自己頭上帽子的顏色，4 人都可獲得 100 美元的獎勵；如果答錯，每個人的學費則會漲價 1000 美元。學生之間不可交談，且只有 10 分鐘可以思考。記住，A 和 B 只能看見「持續高效思考！」的隔板，C 只能看見 B，而 D 只能看見 B 和 C。1 分鐘後，有人說出了自己頭上帽子的顏色，是哪個學生？為什麼這個學生能對自己的答案這麼有信心？

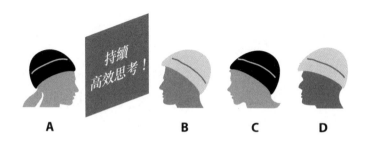

A　　　　　　B　　　　C　　　　D

3-3 宿舍樓友

「嗨！我叫拉爾夫，住在男生宿舍，我有個室友叫瑞奇。我們挑了某個週六在房間舉辦宿舍聚會，邀請同一層樓其他 4 個房間的樓友前來同樂。大夥到齊後彼此握手寒暄。很顯然，沒人會跟自己握手，而且不會跟自己的室友握手。另外，不會有人跟同一個人握手超過一次。等大家都握過手後，我問在場的其他 9 個朋友一共跟幾個人握手。出乎我意料的是，每個人給我的答案都不一樣！」你的挑戰來囉，請問瑞奇握了幾次手？

挑戰 4

請利用以下情境練習高效思考。

4-1 討人厭的傾盆大雨

今年春天，已有些許綠意的大學校園迎來豐沛的春雨，讓教學大樓的景致比平常更蒼翠漂亮。某個特別潮溼的春天夜晚，正好半夜 12 點時，天空開始閃電打雷，下起傾盆大雨。在今年春天這種天氣型態下，這場雷雨開始的 72 小時後，校園的天氣有沒有可能放晴、陽光普照呢？

4-2 用 12 支火柴排成面積為 4 的多邊形

多邊形是以直線繪成的幾何圖形，每一邊的端點只會與另一邊的端點相抵，邊與邊本身並不交叉，且內外分隔明確。12 支火柴可排成多種多邊形，例如以下 2 種：

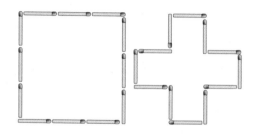

值得注意的是，這 2 個多邊形的周長正好等於 12 支火柴。左邊的多邊形剛好是正方形，面積等於9（單位火柴平方）；右邊的多邊形面積則是 5（單位火柴平方）。你能使用這些火柴排出周長等於 12，且面積只有 4 的多邊形嗎？

4-3 摺地圖

　　GPS 和 Google 地圖問世之前，世人普遍使用紙本地圖。這種舊式地圖主要有兩個缺點。第一，無法發出沉穩的聲音，給予語音指示，像是說：「系統重新計算中……」；第二，地圖使用完畢後，必須摺起來收好 —— 要是想照原本的摺法摺，有時並不容易。

　　本題的校園地圖上，只有正面印有編號。你必須沿著現有的折線摺疊地圖，也就是順著編號外圍正方形的邊摺起，使 1 號正方形在最上方，且正面朝上，而其他正方形則收合於 1 號正方形下方，最後完全摺好後呈現正方形外觀。

　　你的挑戰就是摺好地圖後，地圖上的編號必須從 1 到 8 依序排列，也就是說，1 號正方形會碰到 2 號正方形，2 號正方形在 3 號正方形上方，以此類推；而且最後 1 號正方形會正面朝上在最上方。當然，地圖不能以任何方式裁切。

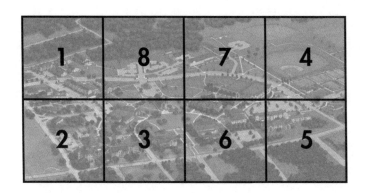

成功摺好前面的校園地圖後，試著挑戰下方這份更難的地圖。請遵循前面的指示完成挑戰，也就是只能沿著水平及垂直線摺，照編號順序摺成八個一疊的正方形，最上方需顯示 1 號正方形。你可能會動心起念，但地圖同樣不能裁切！

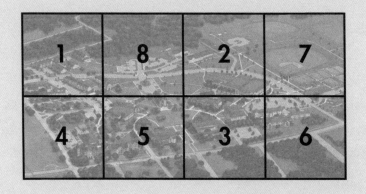

挑戰

5

請利用以下情境練習高效思考。

5-1 眼力測試

本題的算式藏有 4 個錯誤,你能揪出所有錯誤嗎?

- $2 + 2 = 4$
- $4 \div \dfrac{1}{2} = 2$
- $3^{\frac{1}{5}} \times 3^{\frac{1}{8}} = 10$
- $7 - (-4) = 11$
- $-10\,(6 - 6) = -10$

5-2 秤重找寶藏

你眼前有 9 顆外觀一模一樣的石頭,其中一顆裡面藏有海盜發現的珍貴珠寶。這顆鑲有珠寶的石頭比其他 8 顆重,但差異微乎其微,難以察覺,至於其他 8 顆的重量則完全一樣。此外,你手邊還有 2 個廉價的天平,每個用過一次就會損壞,無法重複使用。在天平總共只能秤重 2 次的情況下,你能找出哪一顆石頭藏有海盜寶藏嗎?

5-3 新星誕生

　　5 條直線構成的五芒星具有 5 個不相鄰的三角形，也就是說三角形各自分開不重疊。請在五芒星上畫 2 條直線，構成 10 個不相鄰的三角形。下方的五芒星可供你試畫 2 次。

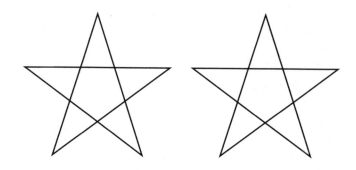

挑戰 6

請利用以下情境練習高效思考。

6-1 令人存疑的政治人物

某個集會現場，100 位政治人物齊聚一堂。他們召開會議，彼此爭辯、大聲叫嚷。每一位不是光明磊落，就是奸詐狡猾。此外，我們還能確定以下兩個事實：

事實一：至少有一位政治人物光明磊落。
事實二：任兩位政治人物中，至少有一人生性狡詐。

了解這些資訊後，你能確定有多少政治人物品性不良嗎？可以的話，有幾位？如果無法確定，原因為何？

6-2 硬幣脫逃

如圖所示，4 根火柴排成雞尾酒杯的圖樣，酒杯裡面放著一枚硬幣。你的挑戰是只能移動 2 根火柴，重新排列酒杯，讓硬幣不再困於酒杯內。當然，你不能觸碰或移動硬

幣。如果重排酒杯，只讓酒杯上下顛倒，但硬幣仍然在杯子裡面，並不算成功解題；也就是說，你不能主張硬幣因為地心引力自己掉出酒杯。

6-3 散落一桌的硬幣

好幾枚幣值相同的硬幣放在桌上，有些正面朝上，有些反面朝上，如圖所示。你被蒙上雙眼，看不見硬幣。你可以摸索來到桌邊、數得出桌上硬幣的數量，但可能因為帶著厚手套，無法判斷硬幣是哪一面朝上。你除了可以自己數數得知桌上的硬幣數量之外，旁人還能告訴你正面朝上的硬幣數量。這個挑戰是要在蒙住雙眼的情況下，任意移動或翻轉硬幣，只要最後硬幣還是平放於桌上，哪面朝上皆可。目標是將硬幣分成兩堆，使兩堆硬幣正面朝上的數量相等。

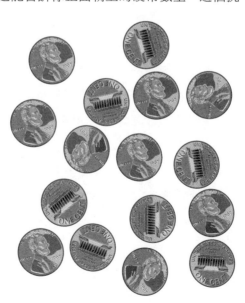

挑戰

7

請利用以下情境練習高效思考。

7-1 貓狗有幾隻

現在有 10 隻寵物，總共得餵 56 塊餅乾。每隻不是貓就是狗。每隻貓要餵 5 塊餅乾，每隻狗要餵 6 塊餅乾。請問總共有幾隻狗？請運用高效思考技巧解開這道難題，不要求助討人厭的代數。

7-2 農夫渡河

農夫要將一隻兔子、一隻狐狸和一堆紅蘿蔔運到河的對岸。這位農夫的小竹筏只夠容納他自己和另一名乘客，也就是兔子、狐狸或紅蘿蔔其中一種。問題是，要是農夫不在場，兔子會吃掉紅蘿蔔，而狐狸會吃掉兔子。假設不管在河岸哪一側，沒人看管時，狐狸和兔子都不會逃走。農夫有可能順利將所有動物和農產品運到對岸，並且保持這些財產完好無缺嗎？

7-3 讓勝率大於五成

　　有兩個一模一樣的碗和 100 顆彈珠，黑色和金色各 50 顆，大小重量都相同。你要將所有彈珠任意放入碗中，只要所有彈珠都在碗內即可。放好後，搖動兩個碗，讓裡面的彈珠均勻混合。接著，你得蒙上眼睛，而兩個碗會依隨機順序擺在你前面。在看不見的情況下，你必須挑選其中一碗，伸手到碗中拿出 1 顆彈珠。如果選中黑色彈珠，就算你贏；要是拿到金色，就算你輸。現在相信你已經了解所有的規則。請問，這 100 顆彈珠該怎麼放入兩個碗內，使你的勝率高於 50%？

挑戰 8

請利用以下情境練習高效思考。

8-1 數字大比拼

數字是指 0、1、2、3、4、5、6、7、8、9。排列這些數字便構成數值,例如 1628663。現在請思考數值 1 到 1000,哪個數字出現最少次?為什麼?加碼挑戰:哪個數字出現最多次?

8-2 百轉千迴的思緒

「迴轉大學」的正門收費亭上刻著學校口號「翻轉您的人生是迴轉大學的使命」,迎接從底下通過的每個人;而對有車和沒車的學生,校方都同樣引以為榮。教務長開著車呼嘯前進,窗外風景快速後退,直到車子壓到減速坡,他才回過神來。他正在心中計算、比較今年和去年畢業生的 GPA 分數。每屆有 1000 個畢業生。他發現,這屆有車的畢業生平均 GPA 高於上一屆有車的畢業生,而且這屆沒車的畢業生平均 GPA 也高於上一屆沒車的畢業生。看來,這屆畢業生的前景就像鹵素車頭燈一樣明亮。問題是,這屆全體畢業生的平均 GPA 其實低於去年全體畢業生。有可能發生這種情形嗎?還是教務長計算時出了錯?

❗ 這裡所謂的平均即為平均值。

8-3 以 3 根火柴將正方形切一半

假設你有 11 根火柴,每根長度相等。先拿出 8 根排成正方形,每邊各 2 根火柴。如果要讓剩下的 3 根火柴相連,且最兩端與正方形的邊相接,能不能將這個 2×2 的正方形分割成 2 個大小一樣的區塊?

加碼挑戰

有沒有辦法讓 3 根相連火柴的頭尾兩端與正方形的角相接,把正方形切一半?如果不行,為什麼無法辦到?

難度破錶加碼挑戰

請利用以下情境練習高效思考。

荒唐古怪的執行長

你非常滿意你的工作，真心喜歡工作內容、你的同事還有豐厚的薪水。然而有一天，公司執行長召集你單位的所有人一起開會。會議中，他預告隔天會有重大變革，並接著解釋細節。他會請你和同事面向同一方向、前後排成一直線，接著為每人戴上紅色或綠色的高帽。你和同事只能看到前面所有人的帽子顏色，無法得知自己或後方同事的帽子顏色。

所有人戴上帽子後，會拿到一個有著兩顆按鈕的裝置，其中一顆是紅色，另一顆是綠色。接著，執行長會走向隊伍最後的同仁，他／她可以看到其他所有同事的帽子顏色。執行長會問他／她：「你的帽子是什麼顏色？」這位同仁必須按下代表答案的按鈕；接著，對應這位同仁按下的按鈕，音響系統會播放「紅色」或「綠色」的語音。這時執行長會大聲宣布：「正確答案，你可以回去工作了！」或是「答錯，你被炒了！」之後，執行長會繼續詢問下一個人，也就是排在剛決定去留的同仁正前方的人。重複上述程序，讓所有員工依序回答自己帽子的顏色，並揭曉各員工的命運。在場所有人都能聽見音響系統的語音，得知每個人的答案以及執行長的回應。

066　Making Up Your Own Mind

知道隔天要面對的棘手狀況後，你和同事下班後一起擬定了作戰計畫，希望能將被迫離職的人數減到最少。現在請設計一套可以實際派上用場的機制，盡可能讓越多人保住飯碗。你可以保證多少人能順利留住工作呢？

❗ 不准「作弊」，也就是不能透過其他方式透露額外資訊，像是文字、回應時間、手勢等。

Making Up Your Own Mind

6

換個角度檢視難題
利用提示加強腦力激盪

活用高效思考的實用技巧，
讓新點子源源不絕

　　本章提供如何思考前一章難題的提示，也就是練習高效思考時出現的思考模式。這些洞見很多來自選修「以創意破解難題的高效思考」課程的學生，或是參加我以領導力、創意或教學為主題開設的工作坊的學員。這些提示本身也可以視為隱喻，能延伸到對於人生難題的思考。下次你反覆思索該如何處理某個難題時，可以閱讀本章的幾則提示，之後再把高效思考運用到這個難題上，產生原創見解。

　　你會發現這些提示中，有幾個要素不斷出現。這也是我想傳達的重點之一：只有作曲家的想像力能限制曲式變化的多寡。想像力越豐富，曲式變化就越多。同樣地，只要少數幾個高效思考的要素有所變化，就能產生無窮無盡的可能。反覆的模式不應視為乏味的重複，而是不斷加深強化。

　　最後你會發現，對眼前的難題及相關脈絡，其實不用有格外出奇的觀點或理解，就能產生這些高效思考的洞見。成功的唯一條件，就是刻意練習高效思考，並秉持耐心，讓高效思考帶你馳騁。換句話說，如同第三章的小莫，只要透過練習這唯一的訣竅，你也可以激發出新想法、深入了解眼前的問題，創造更宏大的意義。

挑戰

1

1-1 究竟誰是誰？

要想深入理解簡單的事物，務必不能忽略細節或輕忽事實。請盡量考慮所有可能的情況，依循每種情況推導出合邏輯的結論順著想法去推敲，看看能有什麼收穫。萬一不幸走到死胡同，就順勢探討這樣的情況為何行不通。一旦你開始這麼做，就能從失敗中有所斬獲，在破解難題上也有了進展。接著就繼續思考其他可能，重複同樣的步驟。

這題可以從題目的敘述「其中至少有一個人說謊」著手思考，破解這句話的涵義。不過更重要的是，除了這道難題，也要在其他地方練習高效思考的思考模式。

1-2 六等於八

想深入理解簡單的事物,可以先提出較簡單的問題來回答;接著試圖將答案轉換成新的見解,藉此刻意打破思考的禁錮,讓豐沛的想法帶你馳騁。此外,挑一個故意或無心的錯誤嘗試,好好研究這個錯誤的各種變化,心想:「這樣行不通,該怎麼修正呢?」

這題中,你能輕易發現,構成 1 個三角形需要 3 條線;如果 6 條線互相不交叉,只能畫出 2 個三角形,如下圖所示。

從這裡可以得到一個簡單但重要的結論:線段必須相互交叉。這個基本認知可再衍伸出新的問題:2 個同樣大小的等邊三角形如何相互交疊?至少有 2 種方式,如下圖所示。

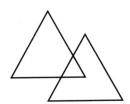

現在請思考其他可能，例如改變三角形的相對位置，或延長 6 條線段，但各線段仍等長。或者，你也可以回到原始題目，但先不顧線段等長的限制，故意解題失敗。將原本 2 個三角形的實驗加以延伸，改成大小不同的三角形，這樣可以發現新的配置方式，例如：

　　接著就能自問：要是將所有線段延伸至等長，會怎麼樣？從較簡單的問題著手，好好觀察針對簡單問題的失敗嘗試，從失敗嘗試中湧現的豐富想法裡，看看能發現幾種不同的解答。然而，更重要的是，務必將這套三角形難題的高效思考模式應用到其他情境，舉一反三。

1-3 缺角的棋盤

想深入掌握大格局，時常需要以小見大，透過釐清微觀層面的細節找到整體的規律或模式。練習換句話說一向是激發這種想法的手段。難的地方在於要不斷增加各種說法和描述，直到發現微妙、簡單或原本未顯現的結構。透過這樣的練習，你可以認清眼前原本就顯而易見、但始終被忽略的面向。另一種深入微觀層面的方法，是將問題簡化到不能再簡單的情境。練習高效思考能協助你讓原本視而不見的脈絡浮上檯面、並從中理出意義。

　　思考本題時，可以先就題目的描述，思考一張骨牌放到三塊棋盤中任一塊棋盤的情形。接著透過換句話說，表達骨牌怎麼覆蓋棋盤、棋盤的什麼東西被骨牌蓋住了。透過這樣的練習，你就能發現前兩塊棋盤和最後一塊棋盤之間的細微差異。更重要的是，務必要能靈活應用這些深思熟慮的結果。或者，你也可以先將三塊棋盤的尺寸盡量縮減，但仍保留每塊棋盤獨一無二的特點，再從這些較簡單的情境著手，思考如何用骨牌排滿棋盤。

2-1 三個開關、兩間房、一顆燈泡

> 很多時候，要想出最佳解方，只能先求有再求好。先找
> 個辦法，很荒謬的也行；接著再修改、精鍊成絕佳方案。
> 所以，千萬別一味盯著空白螢幕空想。不妨先付出行動
> 做點什麼，再根據行動的成果檢討改進。換個方式來
> 說，不斷精進想法的同時，最終的結果也就更臻至完善。

     本題中，很清楚可以知道最多三趟就能夠解開謎題：打開
一個開關、到走廊另一頭查看燈泡是否亮起；如果沒有亮，就
再走一次長廊，關掉第一個開關、打開第二個開關，然後走第
三趟。這時不管書桌上的燈是明是滅，你都能知道真正的開關
是哪一個。

     現在，你可以提出其他問題，進一步提煉想法：能不能減
少走動的次數，但得到同樣的結論？打開開關、查看燈是否點
亮，是確定開關是否控制檯燈的唯一辦法嗎？後面這個問題還
能衍生出新見解，以及另一個奇思異想：要是蒙住雙眼，還能

順利判斷哪個才是檯燈的開關嗎？此時此刻，你已經從一心想要減少來回走廊的次數，延伸思考到另一個相關但不相同的難題。就算蒙上雙眼還能找出正確的開關，但來回的次數勢必會增加，這樣一定行不通。然而，藉由刻意失敗，或許你可以靈光乍現，突破盲點。這些思考方式不僅能提升你看待這些難題的廣度與深度，也必定能協助你因應接下來遇到的挑戰。

2-2 走兩步從 5 格變 4 格

> 每次感到懷疑或躊躇不前時，不妨督促自己反覆用不同說法描述當下的困境，藉此找到新思路。唯有仔細形容眼前的情形，才能發掘問題的結構，歸結出模式及規律。

　　本題中，請反覆以不同方式描述這一組火柴排列的特性，盡可能釐清建構 4 個正方形的方法，找出 4 個正方形的相對位置。接著，仔細檢討每個換句話說的優缺點，最後利用這些觀察結果，找到火柴排列的模式。另外，不僅要在這些正方形中找到模式，也要在人生中找到規律。

2-3 線香慢燃

記住這句話:遭遇困境時,聰明的人會先簡化難題,先試著解決簡單版的挑戰;接著重複這樣的過程,直到理出看待事情的嶄新觀點。

本題的挑戰太難了,與其想破頭而筋疲力竭,不如先從難度適中的課題著手。你肯定能實際點燃線香,測得 60 分鐘,甚至 120 分鐘。如此你自然面臨另一個問題:這個方法還能準確測量其他時間長度嗎?想測量不同的時間長度,勢必得採取不同程序。那麼,要測量 60 或 120 分鐘,還有其他不同辦法嗎?記住,裁切線香於事無補,因為每支線香的燃燒速度並不一致。一旦找到能輕易測量不同時間長度的方法,你就可以試著從這個想法推衍出新見解,最後順利測得 45 分鐘。創造較簡單的問題並加以回答,然後反覆此程序,終至有所領悟為止。這是解決大大小小問題的一種方法,無關線香的問題也可以適用。因此,請在你的人生中多加運用這個方法,點燃深入理解的智慧之火。

挑戰

3

3-1 連環是非題

> 從不同角度切入問題常常是掌握更深一層意義的最佳辦法。如果你不知道從何著手，可先從相反觀點切入。

本題中，如果將每個句子換句話說成合邏輯的同義說法，也就是改成「這 10 句中，有 X 句是對的」，即可看出隱藏其中的規律。改從這個新角度切入後，有什麼嶄新的洞見或想法嗎？日常生活中，不妨多多練習從相反角度切入的思考模式，以更深入理解問題。

3-2 高效思考與 4 頂帽子

> 前面提到高效思考時可以考慮其他情況，看看能否推導出其他結果。另外一個類似但不同的重要方法，就是從

不同角度看事情。從不同角度看待事情，通常可以培養出更強的換位思考能力，對事情的理解也能更深刻。不過，你必須順從新角度產生的想法，一路思考下去、找到深刻的洞見，才能有所頓悟；不然不算透過新角度重新審視問題。你必須善用新角度確實深入思考——意思是了解新角度的思考模式，以及從這個新角度觀察問題時，隱含或缺乏的意義。

　　本題中，4 名學生全都知道現場共有 2 頂黑帽、2 頂金帽。但所有學生得到的資訊真的都一樣嗎？還是有些學生對當下的情況了解更多？不妨思考一下其他可能：假設帽子的配戴順序不同，會怎麼樣？為什麼這些聰明的學生需要一些時間，才有辦法說出正確的帽子顏色？換個角度深度思考，可以改變你觀看世界的方式。除了這項帽子挑戰，不妨多多利用這種高效思考模式，發現內心的平靜。

3-3 宿舍樓友

這題是深刻理解簡單事物的基本練習。面臨像本題一樣

真正棘手的挑戰時，請記住：別急著正面對決！不妨先創
造一個較簡單的問題來處理。其實，直接設想一個最簡
單的相關情境最好。先試著解決簡單版，以非比尋常的
深度理解簡單版的解答。接著，再依原本的挑戰設定一
個稍微難一點的版本，好好解決這個難一點的問題，並
且找出簡單版和稍難版兩者解法的關聯。如此反覆操
作，從中發掘有用的規律，以此順勢回推原本那個棘手
的難題。到時候，你對問題的理解將產生微妙的變化。
這個程序彷彿為你換上一副更清晰的眼鏡，幫助你發現
原本隱而未現的結構，引領你找到原挑戰的征服之道。

　　思考本題時，建議你先透過提問，稍微多了解一下實際情
況：清楚這題的規則，以及拉爾夫聽到 9 種不同答案的事實
後，你認為拉爾夫聽到哪些回答？會有人握了 9 次手嗎？別忘
了，沒人會跟自己和室友握手。

　　聽到拉爾夫的說法後，你或許會好奇，為什麼這個派對難
題這麼複雜。一旦想出合理的答案後，你就可以接著思索：如
何保有這題的規則和本質，創造一個較簡單的類似情境？人生
遭遇困境時，不妨也問問自己這個問題，幫助自己產生新的體
悟。

挑戰

4

4-1 討人厭的傾盆大雨

這個有點無聊的謎題其實教了我們一件事：即使淹沒在紛亂的細節中，也不應該忽略任何一項事實——某些微小的細節或許可以為你引進一道光，照亮思緒，讓你看清局面。另外，如果能從頭到尾仔細思考整個情況，包括在腦海中搬演整件事、視覺化整個情況的發展，其實有助於你掌握全貌。

這一題的關鍵在於，正好半夜 12 點情況開始有所改變。而一天中不管哪個時候都適合運用高效思考。

4-2 用 12 支火柴排成面積為 4 的多邊形

我們時常聽到「跳脫框架思考」，但這個建議並未告訴我
們如何跳脫框架。高效思考的練習則提供了實際作法，
協助你刺激思考，甚至擺脫框架的限制。先創造較簡單
或相關的其他問題來解決，或者思考極端案例，是兩種
直接有助於實現「跳脫框架」的辦法。

　　本題中，從右邊面積為 5 的十字多邊形可知，你的思考不
應侷限於正方形。換句話說，若只有直角，無法排出面積為 4
的多邊形；這代表什麼意思呢？另外，還有個暖身問題可以思
考：最多可以使用幾根火柴，排出都是直角、面積為 4 的多邊
形？接著，能不能使用剩下的火柴擴充圖形，但維持相同面
積？

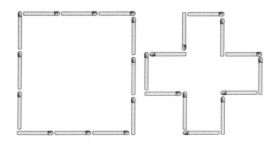

另一個思考方向是問：12 根火柴可以排出最小的面積是多少？由於多邊形一定會有內部區域，表示一定會有面積，所以答案不可能是 0。你可以使用 12 根火柴，排出任何面積小的多邊形嗎？如果可以，能不能運用這些答案背後的思考模式，破解原本的難題？循著這個方向思考，修改左邊 3×3 的正方形，或許可以找到一些答案。

　　正面迎擊棘手的挑戰通常不會是正確的因應之道。透過一連串不同但相關的問題，換個方式迂迴探究，往往能找到從新角度看待原挑戰的嶄新方法；而最理想的狀況下，難題會因此變得簡單。了解這個道理後，請將這套思考模式運用到本題以外的地方。

4-3 摺地圖

深刻理解簡單事物的一種方法，是從微觀層次思考問題。先刻意無視整個挑戰以免分心，再試著一點一滴累積理解程度。而轉換成宏觀層次的思考通常需要全然不同的觀點，因此只要能整合微觀和宏觀層次的洞見，就可能有所頓悟，甚至更理想一點，因此找到解方。最後，只要情況允許，請動手操作看看，把想法付諸行動，這麼做能得到不少助力，提高發現靈感的機率。跌跌撞撞的追尋過程中，韌性是必備條件，有時就算只是反覆嘗試及犯錯，都能帶來適度但有效的失敗經歷。盡可能從適度的失敗中梳理出見解後，再繼續嘗試。循序漸進的思考能促使想法有所突破。務必記住邱吉爾（Winston Churchill）的話：「不斷從失敗中站起而熱忱未減，才能成功。」

　　本題微觀層次的解題路徑是每次鎖定一對連續數字，設法摺疊地圖讓這兩組數字對應的正方形相疊。如果兩個連續數字所代表的正方形不可能相疊，請思考是什麼限制讓這組數字無法重疊，並試圖克服這些限制。若一時克服不了這些限制，請指出癥結所在；接著思考下一對數字，並重複以上程序。一旦

成功將兩個正方形相疊，試著將思緒擴大到相鄰的數字。

　　至於宏觀層次的解題路徑則可以思考沿著線摺疊地圖的所有方法。有些摺法其實相當違反直覺，因此請盡量探索不同摺法，忘掉數字的限制，自由創造複雜巧妙的摺法。重回微觀層次的思考、重新加入相鄰數字的限制時，這些摺法說不定能有所幫助。更重要的是，面對人生中不斷出現的各種難題時，也別忘了練習擺脫限制，並在微觀與宏觀思考之間尋求平衡。

挑戰
5

5-1 眼力測試

> 面對人生難題時，我們時常太執著細節，導致見樹不見林。細節固然重要，但永遠不該遮住整體。要落實高效思考，務必同時備妥望遠鏡和顯微鏡，用心檢視挑戰。

　　思考本題時，盡可能仔細地反覆閱讀整道題目。更重要的是，生活中遭遇難題時，別忘了明辨深藏其中的細節。

5-2 秤重找寶藏

> 逐步向前就是一種進步，而且有時反覆實行各個擊破法（divide and conquer）有利於找到明智的解方。或者，思考相對簡單的問題也能有效淬鍊出精闢的見解。

　　要解決這道難題，與其設法直接從 9 顆石頭中找到珠寶，

能不能先縮小珠寶隱藏的範圍？有很多方式可將全部的石頭分成不同小組，而每種可能都應該仔細思考，最後找到只要秤重 2 次就能找到珠寶的方法。此外，還可以思考另一個比較簡單的問題：假如現在只有 2 顆石頭，你能不能判斷哪個石頭藏有珠寶？要是有 3 顆石頭呢？4 顆？5 顆？這些小問題或許能提供實用的著力點，讓你可以一步步往前邁進，最後解決原本多達 9 顆石頭的難題。還有，面對人生中的沈重問題時，別忘了從較簡單的小問題著手，總能帶來一些曙光。

5-3 新星誕生

> 秉持不屈不撓的精神，先從另一個相關但不同的問題切
> 入思考，能幫你深入理解難題。

　　這題很棘手，我必須承認，首次看到題目時我也是毫無頭緒。我帶著這題上飛機，花了大把飛行時間不斷畫星星試著破解。我相信坐我旁邊的旅客一定很懷疑我的精神狀況。解開謎題時，我心情好極了，但又馬上意識到自己忘了在一開始提出不同的問題引導自己思考，原本的好心情隨即煙消雲散。現在，我都透過設想不同問題，來確認我當下的精神狀況。

挑戰

6

6-1 令人存疑的政治人物

> 解決任何問題前，務必先深入理解，盡可能掌握問題的所有面向。換個說法描述問題，時常有助於更進一步的了解。

　　本題中，我們得知 4 個事實。試著替每個事實加上額外的說法，也就是盡可能補充細節加以描述，並盡量以不同方式換句話說。這些額外的描述會替題目添加更多色彩和紋理，協助你更鉅細靡遺地看清整個情況的全貌，進而找到解決辦法。這不僅適用於類似本題的政治問題，也是解決人生困境的利器。

6-2 硬幣脫逃

> 各個擊破永遠是尋求洞見的有效手段。

　　這道難題中，請注意「酒杯」其實是「T」字型加上左右兩側的雙臂。首先，我們或許可以探討：如何將玻璃杯倒過來，而且有多少不同方法能辦到？簡單來說，就是要設法顛倒「T」。因此，一開始不妨集中心力在中程挑戰：盡可能以各種方式排出上下顛倒的「T」；接著再針對每一種方法，進一步思考如何移動雙臂。像逐步化解這題的「T」一般，從現在開始試著將人生的難題分解成不同部分、分項破解，從中找到最適合又有創意的解決方案。

6-3 散落一桌的硬幣

　　請盡可能用上高效思考那五大元素解決棘手難題。要失敗很容易，但要從失敗中有所收穫，其實困難得多。花時間深入理解眼前的挑戰後，建議你轉而思考較簡單的情境。記住，透過這些相對簡單的「熱身題」找到的解方，如果只適用眼前的特定案例，還不能算成功；應該要從中發掘隱藏的規律和共通的結構。換言之，經由這些熱身題的刺激而產生的想法，要能超越這些熱身題本身，適用更多案例。

稍微深入了解本題的挑戰後，建議你思考幾個簡單的情境：要是桌上只有 1 枚硬幣，情況會怎麼樣？如果有 2 枚或 3 枚呢？試著挑戰自己，設法將只適用於特定案例的方法轉變成可以延伸應用的通用流程。另外，若能多思考幾個特殊情境或許也有幫助，例如：分成兩堆硬幣後，會不會有一堆全是正面朝上？或是有一堆只有 2 枚硬幣，1 枚正面朝上、1 枚正面朝下？思索極端情況時常可以得出新見解。

挑戰

7

7-1 貓狗有幾隻

> 要能刻意失敗的一個重要策略就是思考極端案例、詢問
> 試探性問題，並耐心探索下去，看看結果如何、有什麼
> 收穫。

針對本題，先假設 10 隻都是同一種動物，並順著肯定會錯的答案繼續思考：我會用掉多少餅乾？剩下多少餅乾？這些多出來的餅乾怎麼運用？經過這些問題的洗禮，對這道難題有什麼新的見解了嗎？

7-2 農夫渡河

> 要深入了解，你必須強迫自己違背直覺思考，才能發現
> 原本忽視的細節。

本題不僅要專注思考農夫帶牲畜和農產品到對岸的順序，還要注意農夫抵達對岸後，準備返回此岸前做的事。

7-3 讓勝率大於五成

透過先思考一個比較簡單的問題，以更深入了解原本的挑戰。要是無法產生新的見解或發現任何規律，就繼續創造其他問題，並重複上述過程。

針對本題，不妨先思考只有 2 顆黑色彈珠及 2 顆金色彈珠這樣比較簡單的問題。如此一來，你可以列出 4 顆彈珠放進兩個碗中所有可能的情形（只有 5 種可能），看看哪種方式可將蒙眼選中黑色彈珠的機率提到最高。遇到難題時，千萬別忘了先從較簡單的問題或情境切入，即可將較複雜的問題看得更透澈。

挑戰 8

8-1 數字大比拼

> 著眼於基礎問題、探討基本答案,時常可以發現事物的精妙之處與細微差別,達到深入理解的效果。另外,先從簡單案例著手,往往也可以提供靈光乍現的養分。

要能著眼基本問題思考,一個簡易的方法就是先思考簡單一點的情況(何苦直接處理 1000 個數值呢?)。有人可能會理所當然地認為題目的 10 個數字都一樣,具有相同特性。然而,會出這道難題就表示事實並非如此。這個意料之外的事實或許會促使你思考:組成 1 到 1000 的數值時,哪個數字會展現有別於其他數字的屬性?只要從非常基本的層面尋找這類獨特的差異和特點,就能深入理解簡單的問題、發現原本忽略的洞見。

8-2 百轉千迴的思緒

從普遍情況中鎖定一個確切的案例思考，是深入了解問題、使靈光迸現的一種方法。分析及思考這個明確的案例，便能從不同角度看待原本的普遍情況。另外，創造比較簡單的新問題先處理，總是能為停滯不前的思緒注入動力。

假設去年畢業生有 500 人沒有汽車，500 人有汽車，其中無車畢業生的 GPA 平均分數為 3.0，有車畢業生的平均分數為 2.0。根據這項假設，再來思考今年 1000 名的畢業生：同樣分成有車和無車族群，有辦法讓兩個族群個別的平均 GPA 分數比去年相對應族群的畢業生高，但今年畢業生整體的平均 GPA 分數比去年整體的平均低嗎？嘗試各種可能的過程中，你對平均值和統計資料有什麼新發現呢？

8-3 以 3 根火柴將正方形切一半

任由想法不斷湧現、不加以限制,通常可以產生新的觀點,對當下情況有新的體會。試著參考之前的解法、洞見或靈感,放到新的情境中重新想像,也能碰撞出新的火花,帶來新想法。另外,從比較簡單的問題先解答看看,也有助於進一步發揮創造力。

　　本題可參考前幾個火柴難題。從這些挑戰中獲得的見解,能不能延伸應用到現在這道難題呢?至於借助較簡單的問題當作暖身,或許能自問:怎麼將相連的 3 根火柴,放進用 8 根火柴排成的 2×2 正方形裡?退一步思考暖身題、循序漸進,或許可以幫助你更快發現解決辦法,破解原本的難題。

難度破錶加碼挑戰

荒唐古怪的執行長

> 想要更深入了解難題，你應該盡量清楚說出你知道的所
> 有資訊以及仍待摸索的未知領域，這是個不錯的方法。

　　本題中，不管你排在隊伍中的哪個位置，執行長來到你面前時，你一定知道同事頭上每一頂帽子的顏色，因為你聽到了執行長如何回應你後方同事的答案，而且你看得到前方同事的帽子顏色。因此，該你回答時，你知道除了你以外所有人的帽子顏色。這個事實就是深入理解本題的起點。這個事實相當重要，只不過一開始通常都會忽略。現在想像你排在隊伍最後面，必須第一個回答。你的回答能為前方的同事提供什麼寶貴的資訊，而且這個資訊只有從你的位置可以得知？

　　另外，和往常一樣，先從簡單明確的情境開始思考，從中產生見解，接著再加以延伸，思考眼前較為普遍或複雜的挑戰。本題中，要是隊伍中還有其他 2 名同事，情況會怎麼樣？如果有 3 名同事，甚至 4 名呢？

7

徹底看清難題本質
迎接頓悟的瞬間

熟稔高效思考的思維模式，洞察新觀點

　　前一章針對第五章的難題，提示如何運用高效思考的技巧。如果能依循提示實踐這些技巧，就能在思考的過程中有所領悟。第七章即彙整了這些可能產生的領悟。這些深入的見解足以改變我們看待難題的方式。這些不一樣又更深入的看法其實近在眼前，但需要動用高效思考驅離難題周遭瀰漫的濃霧，才能將問題看得更清楚。我們可以刺激思考，將原本視若無睹的線索變成大腦思考的焦點。但願本章提供的解析能協助你一再反思，在思考上有所突破。

挑戰 1

1-1 究竟誰是誰？

一個是數學系學生，另一個是哲學系學生，而且其中至少有一人說謊。這些事實只會推導出一個可能：兩個人都在說謊。

發掘重要的細節並深入了解簡單的事物，可幫助你敞開心胸，日後面對問題時，才能坦然擁抱所有可能。

1-2 六等於八

將 6 條線段等長延伸，就能將第六章那 5 個失敗的嘗試變成解答。舉例來說，假設我們先畫出第六章的第一個嘗試，如下圖。

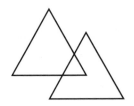

然後延長 6 條線，就會產生這樣的圖形：

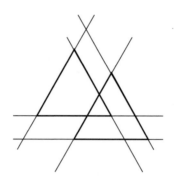

這張圖中就有 8 個等邊三角形。

另外，要是將右圖第二次嘗試中上方的三角形往下移，只變動三角形的相對位置，也可以發現另一種解法，六芒星圖形的解法。這題有趣的地方在於，每一次的失敗都帶領你走向成功解題。

值得注意的是，你可以刻意練習先思考較簡單的問題，提出已知行不通的答案，並從失敗經驗推敲出新的發現或洞見。這個方法能替人生的難題找到多個解方；不只線段交叉的紙上難題可以這麼做，任何時候思考上遇到交叉路口，都能如法炮製。

1-3 缺角的棋盤

一張骨牌正確地放到棋盤上可以描述成「佔據 2 格正方形」；更詳細一點的話，可說成「佔據 2 格相鄰的正方形」；再更鉅細靡遺的話，則是「佔據 2 格相鄰且不同色的正方形」。由此可知，骨牌要正確放到棋盤上，必須佔據一黑一白的正方形。因此，要用骨牌排滿任何棋盤，不管是缺角、裁切過或完整無缺的棋盤，黑色方格和白色方格的數量是關鍵。

從相對容易觀察的 2×2 棋盤開始思考，你也可以得到一樣的體悟。不管用哪個方法，這個見解都能讓你成功解題。值得留意的是，透過這類刻意為之的思考練習，你可以摸清 3 種棋盤的本質，發現原本錯過的細節，對棋盤產生新的認識。

請將這種練習套用到生活中的大小事，更專注地深入探討，發掘原本隱而未見的細微差異。

挑戰

2

2-1 三個開關、兩間房、一顆燈泡

若能保持耐心，善用視覺以外的其他五種感官能力，就能解決這個真實生活中的開燈難題，而且來回走廊的次數出奇地少。現在我們做事時常講求越快越好；然而，時間可以是事半功倍的推力——採取實際作為前先靜待一會兒，有時更有幫助。要能如此，必須先提出可能的方案，接著透過不斷提問，逐漸改善這個差強人意的方案，進而更深入理解問題；有些疑問或許可以反轉原本的問題，讓你從新的角度看清整個情況。

現在，把思緒轉移到其他問題上，放慢腳步，好好運用高效思考的技巧，點亮腦中的燈泡，想到好點子！

2-2 走兩步從 5 格變 4 格

題目是使用 16 根火柴排出 4 個正方形。從這兩項細節，我們可以發現：不能有任何一根火柴同時是任 2 個正方形的邊。因此，修改成 4 個正方形的圖案中，正方形之間務必不能相鄰。破解這題後，你會發現這題與挑戰一的某一題其實有關，並從中得到派代亞體悟。

從質化觀點轉為量化角度時，你其實已在運用換句話說的技巧詮釋眼前的問題，找機會消除模糊、膚淺的認知，直視原本不清晰的深層規律和模式。現在，請將思緒放到其他問題上，盡力驅趕讓人無法深入理解的厚重迷霧。

2-3 線香慢燃

　　有辦法透過燃燒線香，剛好測得 30 分鐘嗎？從不同的極端看待同一個問題能激發出令人耳目一新的觀點，並產生新見解。

　　產生新見解後，不妨任由想法流洩，自由發想如何重新運用這個見解，尋求更大的突破。這樣不僅能了解如何測量 45 分鐘，更能找到提升思考能力的方法，在人生旅程中，新點子源源不絕。

挑戰

3

3-1 連環是非題

可能有 2 句同時成立嗎？只要回答這個基本問題，並從不同角度思考所有句子，就能發現這道難題的解答。

你認為一杯水的狀態是半空還是半滿？儘管這兩種說法的意思相同，但分別從相對立的角度看待這杯水，還是能發現不同的意義與價值。藉此，你不僅能解決眼前的難題，也能以更清明的思緒理解周遭的世界。

3-2 高效思考與 4 頂帽子

有段短暫的片刻，沒人開口說話。當然，我們無法期待 A 或 B 能透露什麼，因為他們看不見任何一頂帽子。相較之下，D 能看見最多帽子；而 C 縱使知道這些事實，也只能看見 B 頭上的金色帽子。此時 C 想知道 D 看到的景象，於是在心中推演所有可能性。其中某些可能的情況能幫助 D 迅速推敲出自己帽子的顏色，但他什麼也沒說。

只要試著換位思考，並仔細玩味眼前（或頭上）的既定事

實，就足以領悟現場一陣短暫沉默的原因。現在輪到你戴上高效思考的帽子，給自己一點時間，讓你的思考受到啟發。

3-3 宿舍樓友

　　這道握手難題最令人意外的地方，在於這道難題**確實有答案**。第二個出人意表之處，則是只要**深入了解簡單的事物**，這題的答案就呼之欲出。這題之所以難是因為握手的人太多，握手情形令人眼花撩亂。若把這一題**簡化到極致**，就是不邀請其他樓友；這樣一來，現場就只剩拉爾夫和瑞奇，而依照遊戲規則，此時的瑞奇不會與任何人握手。下一個比較簡單的情境是他們邀請了一間宿舍的樓友前來同樂，例如叫亞當和比爾。拉爾夫詢問其他人的握手次數時，同樣會聽到 3 個不同的答案，而且答案一定會是握手 0 次、1 次和 2 次。

　　原本的難題依舊棘手，那暫且擱置一旁，先思考新的問題或許有所幫助：上一段的情境相對簡單，利用這個簡單情境，先思考是否能確定亞當和比爾各握了幾個人的手？請注意，這個新問題或許能引導我們自然而然推敲出瑞奇握手的次數，但這個新問題的問法並不一樣。這個特別簡單的案例中，握手的次數夠少，你大可直接列出所有排列組合：亞當沒和任何人握手，比爾握了 1 次手；亞當沒和任何人握手，比爾握了 2 次手；亞當握了 2 次手，比爾握了 2 次手，以此類推。答案不僅

能讓你產生新的洞見，也能隨著邀請的樓友人數越多，協助你理出規律，進而找到施力點，順利解開原本的難題。

　　藉由解決看似簡單的問題、找到其中隱藏的模式，自然能對問題產生更深一層的理解。

挑戰 4

4-1 討人厭的傾盆大雨

　　若要額外增加點靈感，建議你將 72 小時換算成<mark>天數</mark>，說不定會有幫助。

　　即便是無聊的題目也能提升你的思考能力，面對人生中的重大難題時，你就有足夠的能力處理。

4-2 用 12 支火柴排成面積為 4 的多邊形

　　在只允許直角且面積為 4 的前提下，最簡單的多邊形是 1×4 的長方形，如下圖。

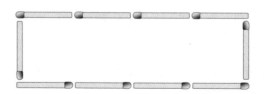

　　這個長方形是以 10 根火柴排成，所以現在的問題變成：<mark>如何修改這個圖形，加入剩下的火柴？</mark>

或者，你也可以暫時把這問題擺一旁，思考如何用 12 根火柴排出面積最小的多邊形。如果想到的是 3×3 的正方形（就像原題目中左邊的圖形），請進一步想像各個角裝有鉸鏈，角度能有所變化，並不固定是 90 度；你應該不難發現，你可以將上方水平的邊向右滑動、下方水平的邊維持不動，使原圖形變成歪斜的方形，稱為菱形，如下圖。

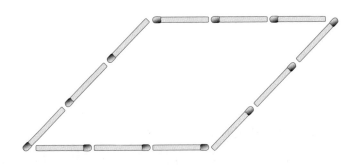

　　如果將菱形向下壓扁，會形成一個扁平的多邊形，12 根火柴分成兩排疊放。這個扁平的多邊形面積為 0，且其實不是一個多邊形。不過，要是將上方的邊稍微向上拉，就能得到鑽石型的長條區域。原本那個 3×3 正方形的面積是 9，而歪斜的方形面積可以隨意壓縮減少。經過這些實驗後，你對原來那個挑戰得出什麼結論了嗎？

　　改變角度、擠壓四邊形的概念也能運用到一開始的 1×4 長方形。現在，將左右兩邊換成兩根火柴組成的「V」字型結構，整個圖案會變成右頁的 2 個多邊形：

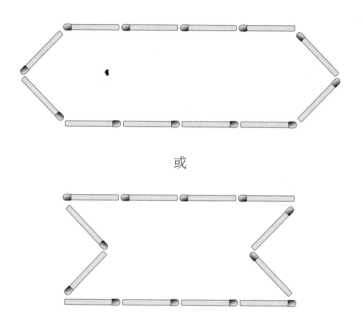

或

接著運用之前的推論，一定能排出需要 12 根火柴的多邊形，且面積正好等於 4。

只要鬆綁既有的限制，思考移除這些限制後的發展，以及較有彈性的可能情況，就能找到許多解方。靈活的思路讓你從全然不同的面向形塑任何問題，不妨好好運用這種思考方式，解開原本糾結的人生難題。

4-3 摺地圖

針對第一張地圖，請尋找將 7 號和 8 號正方形重疊的所有方法。每成功一次，就繼續思考 6 號正方形能否疊在一起，然後從這裡開始延伸。至於第二張地圖，摺到最後則需要不尋常的摺法。想想將水管由內往外翻的動作，相信會有所收穫。

現在，把心思轉移到與摺紙毫不相干的挑戰，並運用在此地圖難題中派上用場的高效思考；在這個「智慧 GPS」的帶領下，找到全新的解決之道。

5-1 眼力測試

本題中的每個數字都很重要,沒錯,每一個都不能放過。

請特別留意細節,這是通往高效思考世界的入場券。

5-2 秤重找寶藏

我的學生一開始想在天平的兩端分別放上 4 顆石頭,但很快就發現這個方法無法保證在秤重 2 次後找到珠寶。不過,經過這次失敗後,他們領悟到箇中奧妙,因而找到解方。

權衡其他問題時,建議你也要沿用類似的思考模式,像聰穎的海盜一樣找到前所未見的寶藏。

5-3 新星誕生

與其單刀直入地思考如何創造最多三角形,建議先處理另一個問題:2 條線要怎麼擺放,才能與星星本身產生最多交叉點?換句話說,設法畫出最多三角形之前,先盡量增加線段交叉的次數。

還有另一個有趣的地方。這道難題會這麼命名，單純只是因為我覺得這個名稱很可愛，但有些聰明的西南大學學生把這個名稱視為隱藏版線索，並循線找到破解方法。他們觀察後發現，最後真的多了一個較小的星星。也就是說，在他們的解法裡面，確實有顆新星誕生了。優秀！

　　轉個彎思考其他問題，或許能幫助你成功摘星。

挑戰 6

6-1 令人存疑的政治人物

「至少有一位政治人物光明磊落」是指有一位或多位政治人物具有這項特質。「任兩位政治人物中」是指所有人中任選兩人，挑選方法包括先挑選一位政治人物，再從剩下的人之中選出一個搭檔；換言之，一次只選兩個人。

不管面臨什麼棘手情況，不妨換個說法重新詮釋，就能獲得嶄新的洞見。

6-2 硬幣脫逃

「滑動」火柴一定是一種「移動」，但一看到「移動火柴」的規定，我們通常會忽略這種方式。

意料之外的機會來自於刻意留心簡單的方法。下次遭遇困境、需要尋求出路時，不妨也試試看同樣的思維。

6-3 散落一桌的硬幣

正面朝上的硬幣數量是你唯一知道的資訊。這個數字多少可以給你一點如何將硬幣分成兩堆的靈感。此外，或許也能想想其他變化，就此案例而言就是思考其他情境，然後比較第一堆硬幣裡正面朝上的數量和第二堆硬幣裡反面朝上的數量。

看看你能用上多少個高效思考元素來揭露深藏於題目中的微妙細節。試著運用全部五種元素，**觸發難能可貴的頓悟瞬間**，找到聰明的解決之道。

挑戰 7

7-1 貓狗有幾隻

　　錯誤地假設 10 隻寵物都是貓咪，至少在本題的情境中，相信你遲早會發現狗與貓的差別是狗需要多餵 1 塊餅乾。一旦體認到這個基本但很重要的事實，不僅能對原本的難題產生全新的認知，也能很快找出答案。

　　稍稍停下腳步，欣賞自己的改變：你現在看待本題的方式，已經和一開始完全不同。由於你的理解有所改變，相信你現在可以快速回答本題的一般情境或延伸變形。例如，要是現在有 20 隻寵物及 111 塊餅乾，答案是什麼呢？

　　恭喜你在高效思考的洗禮下已有所改變！這樣的改變帶動的個人成長勢必值得期待。不管你是愛狗人士還是貓奴，遇到寵物相關問題時，記得先把極端情境當成養分，好好餵養你的思緒，如此才能有新的啟發。

7-2 農夫渡河

　　只要把前一趟載到對岸的動物或農作物擇一留在船上，一起返回，法蘭西斯就能順利將所有東西運到對岸。

違反直覺的全面思考很重要，你得網羅所有可能的情形，如此一來，就能確實掌握原本忽略的想法，不再有漏網之魚。

7-3 讓勝率大於五成

我們要平均一下從每個碗中拿到黑色彈珠的機率。假設一個碗中有 2 顆金色彈珠，另一個碗中有 2 顆黑色彈珠，那麼從第一個碗中抽到黑彈珠的機率為 0%，而從第二個碗抽中黑色彈珠的機率為 100%；這兩種情形的勝率平均有 50%。能不能設法將 4 顆彈珠放入碗中，使勝率高於 50% 呢？從這裡延伸思考的話，可以怎麼應用到原本的 100 顆彈珠呢？

在腦海中思考彈珠的各種排列組合時，務必隨著豐沛的想法全面考慮各種可能。

!

挑戰

8

8-1 數字大比拼

重複數字就能產生不同數值，像 2、22、222 或 7、77、777，只有一個情況例外。有了這層體悟，應該就能挑出那相形失色的數字。剩下的 9 個數字在 1 到 999 中出現的次數都相同，但只要將 1000 也納入考量，數字 1 就多出現一次。如果你一開始就先縮小範圍思考 1 到 10，大概早就注意到了這個現象。

思考基本問題，從乍看之下極度簡單的事物中找出細微的差異，往往可以更深入審視複雜的問題。

8-2 百轉千迴的思緒

想比較兩族群的平均、理解統計數據的意義，就必須掌握各族群的數量，這是本題給我們的啟示。針對本題，我們先假設今年的畢業生有 100 人沒有車，他們的 GPA 平均分數為3.1，而剩下 900 個畢業生有車，GPA 平均分數為 2.1。

高效思考在這裡是指思考一個明確的情況，這麼做能幫助你更深入處理資訊，了解資訊和資料的真實意義。

8-3 以 3 根火柴將正方形切一半

　　將 3 根火柴頭尾相連排成直角,會有 2 種排法。只要思考其中一種排法,應該就能找到解方。至於加碼挑戰,則試著想像這些直角上裝有鉸鏈、角度能有所變化,接著將前述的排法稍微拉直。

　　往後遇到不同的問題、狀況和挑戰,盡可能回收再利用以前的想法、見解與思考模式來解決,高效思考的各個元素當然也要重複利用。

難度破錶加碼挑戰

荒唐古怪的執行長

如果你是排在最後的員工，你只能從紅色或綠色中選一個回答。那麼，看著前方同事帽子的顏色，你要怎麼用其中一個顏色描述眼前所見的景象？很有可能是說出數量最多的顏色。這個嘗試很不錯，但要是紅色和綠色的帽子一樣多，這個方法就會出問題。這次失敗讓你發現你要再明確一點才行。現在回到問題本身，再多深入思考一些：看看前方所有同事帽子的顏色，你會怎麼形容？

就像每次試著更深入理解某件事一樣，換句話說會是不錯的辦法。

Making Up Your Own Mind

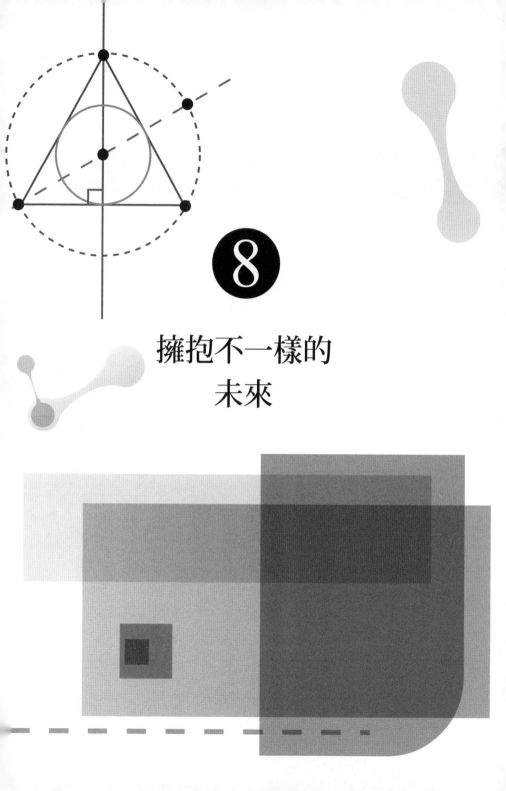

8

擁抱不一樣的
未來

善用高效思考，
解決生活中的難題

　　親愛的讀者，如果你從頭讀到這裡，表示你已有長足的進展；如果你閱讀時，也積極主動練習高效思考，那更是下足了功夫。做到了這種程度的話，其實你已經體驗到「以創意破解難題的高效思考」這門課部分的精華。

　　極具影響力的正規教育並不是教學生面對特定主題或個別議題時，要思考什麼；而是教學生如何有效地徹底思考所有事物，而且要隨時隨地實踐這套思考方式。

　　我就任西南大學的校長後，建立了一項我引以為傲的傳統。每一位學生畢業前，我都會邀請他們來校長住所 *，在迎賓桌上共進晚餐。這張餐桌一次可招待 18 位賓客用餐，包括 12 名學生以及 6 位教職員、董事、校友或相關人士。

　　每當這頓正式的晚餐進入甜點時光，我會讓現場所有熱絡的談話暫時畫下句點，另起一個從未提及的新話題，邀請所有人共同參與討論，大家也都熱烈回應、貢獻想法，而這正是我們一心想要推廣與經營的校園文化。只要在推特（Twitter）上搜

---

* 西南大學校長任內會入住校園內一棟名為 Turner Fleming House 的建築。

尋「@ebb663」和關鍵字「dinner」（晚餐），就能找到這些談話主題，以及用餐時所拍的團體照。如果你深受感動而想親自舉辦這類活動，歡迎參考本書內容或上述與校長晚餐的話題，開啟一場所有人都熱情參與的對話。透過這種熱烈的討論與他人交流很有力量，能激盪出更多想法，並持續實踐高效思考。

　　再次恭喜你讀完本書，也希望你不僅持續學習、成長、思考及創造，還能實踐西南大學的派代亞理念，不斷連結各種想法。如此一來，你就是在實踐真正有意義且豐富的教育，進而也為自己開創更璀璨的明天。

9

附錄:
高效思考訓練課的完整說明

更認識這門看似什麼都沒教、卻什麼都教到的課程

就如第二章開頭所述，2015 年秋天我開設了「以創意破解難題的高效思考」這門課程，不過最後學生成績單上所列的課名為「以創意解決問題的高效思考」。調整課名是考量到企業界注重員工解決問題（problem）的能力，而且一般不會以難題（puzzle）一詞形容工作上的挑戰，即使兩者其實本質相同。我們其實每天都要面臨各種難題，不管生活、工作，大大小小的難題有如家常便飯。有些難題比較負面，常稱為「問題」；但人生難題不僅止於人生問題。本書最後，我想更詳細地介紹這門課程，讓讀者更了解後，能為自己或身旁的人打造類似的思考體驗。

前面也有提到，這是我教過最深刻的一門課。這個課程並沒有顯而易見的主題，但其實涵蓋了一切，我稱之為「課程界的《歡樂單身派對》」。這門課程沒有短期內容，只鎖定長期目標，也就是回答我所謂「教師的二十年問題」：從今天算起二十年後，我的學生還會記得我在課堂上教的哪些內容？我希望我的學生終其一生都能開心地練習高效思考，以此增進創造力、加強建構連結的能力、精進才能天賦，持續高效思考。

這門課沒有專注教授某一個主題，例如微積分；反而將重

心擺在大腦的思考與運用。我們在課堂上討論大腦的生理發展，還有一心多用、社群媒體和個人電子裝置的負面影響，以及運用正念（mindfulness）*和心懷感激所帶來的正面效益，也探討還有哪些方法可以幫助大腦充電及更專注。不過，課程的核心還是讓學生確實練習高效思考技巧，為了讓每個人發展出嶄新的思考方式、培養創造力，以及發現事物之間隱藏的關聯。

課堂上我們利用一系列難題來練習這些高效思考技巧。每週討論三題，其中一題相對簡單直接、一題有點難度，最後一題則刻意挑選極具挑戰性的題目。不過，所有題目都是為了刺激思考，終極目標不是破解眼前的難題，而是即使已經找到解題妙方，仍能運用高效思考的技巧，盡可能從多種角度審視難題，產生新的理解與洞見。

是否成功破解難題就像拿文憑，不是真正的重點所在；這趟智識鍛鍊之旅本身才是重點。這趟旅程最後會讓我們找到富有想像力的洞見或解方；並且提高思考的敏捷度，起初只會從一個角度看世界，經過高效思考的練習後，就能以更開闊的視野看待同一個世界，豁然開朗。然而，要揚棄尋找快速解方的天性，轉而渴望有所啟發，進而耐心地深入思考，從來不是一

---

* 正念源於佛教的禪修，是專注當下、對當下保持清澈覺知的能力。目前像「正念減壓」、「正念認知療法」等歐美發展出來的應用已脫離宗教脈絡。正念能穩定身心、開發大腦、強化專注力、增進自制力、提升生產力等等。正念療法對於改善身心症也有效果。

件容易的事。要是沒有大量練習，勢必極為困難。課堂中的難題正好提供了所需的練習，引導你培養看待事情的深度，減少旅途中的阻礙，讓高效思考可以成為自然的習慣。

除了透過課堂上的難題練習高效思考，我也希望學生能將高效思考應用到生活中的其他地方。這堂課中，學生須繳交其他門課程作業的影本，上面標示他們運用了哪些高效思考的技巧加強最後的成果。此外，他們也在課堂之外應用這套高效思考模式，例如他們以此改善與家人、朋友、同事或室友的關係、強化在運動場或職場上擬定策略的能力，也因此更加投入課外活動。

此外，由於課程的重點是大腦的思考與運用，我鼓勵學生選擇一種自己喜歡的形式練習正念，像是安靜散步、靜默獨坐、表達感激之情、冥想，或是其他任何可以讓思緒清明、專注當下的活動。我們有太多時間執著於過去，受發生的事情所苦，例如哀嘆：「完蛋了，我真的搞砸了」；或對即將發生的事情感到焦慮，像是大喊：「天啊，我還沒做好準備」、「我麻煩大了」。在這個科技發達的時代，每個人的口袋和包包時不時傳出電子產品的提示音，時時分散我們的注意力。我們無法好好活在當下，身、心時常分處不同地方，甚至心思飄忽不定，神遊多處。科學研究指出，我們的大腦要有機會沈澱及充電，才能有效運轉，充分展現明智、快樂、有創造力的一面。因此，擁抱獨處的時刻不僅能促進個人成長，也能使我們打開心胸，與

他人互動時更有同理心。

　　另一方面，我每週都會邀請一位有趣的來賓，與學生來場
90 分鐘的互動。來賓一開始會簡短分享自己的人生難題，不管
是工作或生活、或大或小的難題；接著說明他們運用了哪些方
法，徹底思考並解決了這些難題。剩下的時間會留給學生練習
問問題，每位學生都能向台上成就斐然的來賓提出任何有助於
鍛鍊思考的問題。這約略一小時的問答時間向來都是來賓蒞臨
分享時，班上氣氛最活絡、迴響最熱烈的時候。

　　透過這些安排及課程其他面向，學生能在多種情境下練習
新的思考方式，而練習則是本課程的關鍵。課堂上刺激思考的
許多技巧和練習活動一開始、表面上都看似簡單直接，但反覆
練習絕對必要。真正的挑戰在於吸收這些高效思考技巧，並內
化成習慣，讓高效思考模式成為自己創造力和日常思考中的一
部份。為了強調練習的重要，我將學生必須遵守的規則寫成一
份合約，請學生簽名以示負責。這份合約連同第一堂課發的課
程大綱一併附於此，供你參考。

　　我誠摯希望，你在閱讀本書及繼續人生旅程的同時，也同
樣能敞開心胸擁抱新的思考方式和分析模式，如此一來，必能
將你的人生推向更高的境界。

　　在此邀請你參與這門獨特的課程，盡情享受課程帶來的思
考刺激。你可以探索深入思考的不同方式，甚至與身邊有趣的
人交流，了解他們如何解決人生難題；此外，你還能善用本書

的難題和提示，練習高效思考。這項練習要能落實，務必秉持行動力與責任心；不能擺出高傲的姿態被動學習，要求別人「教你」。相反地，務必展現企圖心，主動製造挑戰的機會，並逐漸改變自己。自我智識成長的旅途中，學校、老師、教授、精神導師、甚至這本書，都只能從旁協助你——你才是這趟冒險旅程的主角；而這趟持續開展的冒險旅程，叫做人生。

以創意破解難題的高效思考

專題課程（選課編號：232）

西南大學

授課教師：愛德華・柏格教授

課程用書

- 《從思考到解題》（愛德華・柏格著）
- 《原來數學家就是這樣想問題：掌握 5 個元素讓你思考更有效》（愛德華・柏格、麥可・史塔博德合著）
- 《小王子》（聖修伯里著）

課程說明

　　這門兩學分的實驗課程能磨練你解決問題的技巧、提升你發展創新做事方法的能力，且加強你從多種角度看待問題的本事。課程中，透過接觸、探索不同想法，以及邏輯益智題和腦力激盪活動的訓練，你也能具備深入理解議題的不同方法。本課程也刻意安排，讓你將這類思考練習帶入你修習的其他課程及生活中。除此之外，每週也會有特別來賓出席，他們會帶著深耕專業領域的心得，分享他們的思考方式和人生故事，並與修課學生對談，進一步刺激思考。

課程的終極目標是提供有意義的思考體驗，此體驗不僅深具影響力而且可能改變人生，同時也是智識上的一大挑戰，必能提升你理解、思考、創造及整合的能力。你也會因此在本課程之外，愉快地運用這套模式，持續不斷深化、豐富你的思考。

解題與作業

　　課程使用各種不同的難題，提供實際練習思考、發揮創造力和鍛鍊毅力的機會，這些都是本課程不斷強調的重點。我們的目標是讓你透過實際解題，未來能把課堂上鍛鍊的思考能力用來解決生活中的難題。

　　每週一晚間課程開始時，你必須先繳交書面作業，內容是針對指派的三道難題提出解決方法。每週的作業中，會有一題比較平易近人、一題難度中等、一題較為棘手難解。規定為「個人題」的難題必須獨自完成，也就是說，不可與我以外的其他人討論。其他題目則可與班上其他同學合力解題，但不可與未修課的同學討論。所謂「合力解題」必須是合作破解每一題，不可以「一人負責一題」。此外，與他人合作之前，請務必先獨自思考過、嘗試過一個人解題。評分時，不僅會考量解法是否正確，也會評判解法的清晰程度；另外，針對解題時運用的高效思考策略提出的檢討與反思也是評分的項目。因此，你繳交的作業必須經過妥善修改、謄寫，全面而完整。

　　除了週一固定交的作業之外，你還須針對上週五客座來賓

的授課內容繳交一份心得，篇幅兩段即可，須以電腦打字排版，內容可以是你對週五課程的回應及體悟、與其他來賓的連結，或探討授課來賓所運用的高效思考元素。

還有一種作業稱為「過渡狀態報告」。本課程有許多與眾不同之處。其中，我認為與其準時繳交作業，但內容不夠完整，且無法反映你真實付出的心力；不如找到清楚、正確、完備的難題解法，而且讓你引以為傲，這樣會更有學習成效。因此，如果你未能成功破解難題，可以繳交「過渡狀態報告」暫代每週規定的作業。報告須清楚說明解題所投入的時數、所有失敗的過程、試過的解法、實際應用的高效思考策略、從中獲得的收穫，以及接下來預計採取的解題策略。

練習高效思考

本課程另一個與眾不同的地方在於希望打破學習場域的限制，直接影響你的思考和創造力。因此，你必須挑選一門其他課程的內容，包括作業、報告或講義，在其中刻意且直接運用高效思考的元素或技巧，並在每週五繳交一份影本。你繳交的內容須清楚展現本課程思考練習的成果。

報告

修課期間須繳交四份報告，並在期末考週提交一份總檢討／派代亞體悟報告。繳交報告時，除了正式的電腦打字報告之

外，也須一併附上報告的倒數第二版草稿，上面須有手寫編修痕跡。

正念練習

　　本課程強調養成好的思考習慣，以更有效的方式思考、創造、連結、生活和行動。因此，刻意練習「正念」是本課程另一個與眾不同的地方。一旦選修本課程，代表你同意每天至少撥出十分鐘，在清醒及安靜的狀態下練習運用正念，讓大腦放鬆及充電，促進正向思考模式。課堂上會提供練習正念的各種選項和建議。

課程合約

　　你必須簽署一份課程合約，同意並確實遵循合約內容，積極參與本課程，善盡學生應有的責任與義務。其中包括思考所有難題時，皆不可查詢任何網路資源、教科書、書籍或課堂外的參考資料。

評分

- 解題 30%
- 報告 25%
- 高效思考練習 25%
- 課堂參與 10%
- 有效的失敗經驗 10%
- 總分 100%

以創意破解難題的高效思考

合約

西南大學校長
愛德華・柏格

本人＿＿＿＿＿＿＿＿同意以下條款：

一、我會嘗試新的思考、創造和連結方式。我願意更深入
　　了解各種人事物、盡力從多種角度看待各種議題，不
　　會因為受挫而放棄，會從失敗經驗中學習，並練習提
　　問的技巧。

二、每次上課我都會積極參與，展現高昂興致與良好的幽
　　默感，且會將課堂上的收穫應用到人生其他面向。

三、我會試著每天至少撥出十分鐘，在內心平靜、腦袋清
　　晰的情況下練習正念，藉此為大腦充電及重新開機、
　　促進正向思考模式。

四、我會精心撰寫所有書面作業，確保想法得以清晰表
　　達，且繳交的所有作業都不會只是初稿，至少都會修

改過一次；若未以電腦打字，則會重新謄寫，讓作業
內容清楚易讀。

五、繳交的每一份作業都是我竭盡所能產生的最佳成果，
值得自豪。

六、我保證每一堂課都能全程「關機」，亦即個人電子裝置
保持關閉，也不在課堂上使用。

七、我會獨自處理「個人題」，且思考所有難題時，都不查
詢網路資源、教科書或其他非本課程的資料。

八、我不會在本學期及未來就學期間，與學校其他人分享
難題的內容及解法。

九、我會遵守西南大學的榮譽守則 *；若我不確定本課程
任何活動於榮譽守則的適用情形，我會主動發問釐清。

簽署日期：20＿年＿月＿日
簽名：＿＿＿＿＿＿＿＿＿
見證人：＿＿＿＿＿＿＿＿＿

---

* 榮譽守則（Honor Code）是指美國各大學關於學術誠信的規定，例如要求學生不得剽竊或作弊。每個學生
都必須遵守，通常於入學時就會簽署榮譽守則。榮譽守則不僅是學術生活的守則，更是大學生活的守則。學
校也會有榮譽委員會處理違反榮譽守則的行為。

致謝

　　若非同事兼摯友的麥可‧史塔博德一路鼎力相助，這本書無法順利問世。對我的教職生涯、學術成果和思想觀念，麥可的影響始終具有舉足輕重的地位。他兼具智慧和創造力，總是開心學習、熱愛生活，不斷帶給我啟發，而他的慷慨不藏私總讓我受益良多。我對他只有滿滿的感謝。

　　許多現在及以前的學生和同事或多或少影響了本書最終呈現的樣貌，每一位我都由衷感謝。尤其是選修「以創意破解難題的高效思考」課程的西南大學學生，是他們不吝提供寶貴意見，我才能不斷提升課程和本書的品質。在此要特別感謝 Tristin Evans、Bryony McLaughlin、Aiden Steinle 和 Jasper Stone，他們不僅提供寶貴的建議，也都曾在校長室實習。此外，我還要感謝 Kyle Brown、Elliott Foreman、Tanmai Korapala、Kirhyn Stein，他們的意見和想法總是鞭闢入裡，極有見地。

　　有幾位同事和好友願意仔細閱讀本書初期的手稿，並給了我重要的讀後意見和很大的鼓勵。特別感謝 Michael Brewer、Florence Burger、John Chandler、Norma Gaines、Benjamin Holloway、William Powers、Paul Secord 和 Fay Vincent。此外，我也很感謝所有親臨課堂、分享經驗的客座來賓，以及參與「校

長的思考講堂：人生、學習與領導」(President's Thinking Symposium on Living, Learning, and Leading）活動的所有嘉賓。他們不僅與我的學生分享了各自對高效思考的獨到看法與心得，也從不同面向給予我撰寫本書的靈感。這些大方的授課嘉賓分別為：Herbert Allen Jr.、Victor Bajomo、Ben Barnes、Carly Christopher、Clayton Christopher、Trammell Crow Jr.、Paige Duggins、Michael Gesinski、Winell Herron、Philip Hopkins、Weston Hurt、Frank Krasovec、Red McCombs、Jessica Waldrop McCoy、Lynn Parr Mock、Presley Mock、John Oden、Ricky Raven、Valerie Renegar、Kendall Richards、Corbin Robertson Jr.、Doug Rogers、Susan Slagle Rogers、Debika Sihi、Ken Snodgrass、Tivy Whitlock，感謝他們。

我也要感謝西南大學教務長 Alisa Gaunder 在我撰寫本書期間，給我莫大的鼓勵和支持，我很珍惜這份亦師亦友的情誼。我在達拉斯為期一週的緊湊寫作期間，謝謝 Lynn Parr Mock 願意擔任提供笑料、提振精神的重要角色。感謝小莫和他的父母，讓我分享高效思考的成功案例，小莫的故事我簡直百說不膩。

最後，我要誠摯感謝普林斯頓大學出版社優秀傑出且創意無限的專業團隊，他們始終敞開胸懷擁抱極富創意的新想法。從上一本著作至今，很高興能和這些很棒的工作夥伴合作及相互學習。執行編輯 Vickie Kearn 總是真摯待人，從一開始就滿懷

熱忱地支持這項計畫，大力支持。出版社董事長 Christie Henry 總是給人正面樂觀的印象，除了堅守本書所代表的願景，也悉心付出。除此之外，我也要對出版社各部門的同仁表達我最深摯的感謝，要不是 Bob Bettendorf、Lauren Bucca、Karen Carter、Lorraine Doneker、Sara Henning-Stout、Dimitri Karetnikov、Debra Liese、Stephanie Rojas、Susannah Shoemaker、Kathryn Stevens、Erin Suydam 和 Kimberley Williams 等人發揮專業，本書無法付梓出版。我也要感謝 Karl Spurzem 設計了原版頗有質感的書衣；感謝 Theresa Kornak 費心審校了我的手稿；感謝西南大學一九九七年畢業的校友 Taylor Jones 為我製作了精美的作者肖像。

頂尖大學的高效思考課 ｜二版｜

如何用創意解決難題？數學家校長的腦力特訓班

Making Up Your Own Mind:
Thinking Effectively through Creative Puzzle-Solving

愛德華‧ 柏格 Edward B. Burger／著

張簡守展／譯

本書為新版書，前版書名為《從思考到解題：數學校長訓練大學生的創意鬥智小題庫》

書系｜使用的書In Action! 書號｜HA0093R
著　　者　愛德華‧柏格(Edward B. Burger)
譯　　者　張簡守展
行銷企畫　廖倚萱
業務發行　王綬晨、邱紹溢、劉文雅
總 編 輯　鄭俊平
發 行 人　蘇拾平

出　　版　大寫出版
發　　行　大雁出版基地
　　　　　www.andbooks.com.tw
　　　　　地址：新北市新店區北新路三段207-3號5樓
　　　　　電話：(02)8913-1005　傳眞：(02)8913-1056
　　　　　劃撥帳號：19983379　戶名：大雁文化事業股份有限公司

二版一刷　2024年10月
定　　價　280元
版權所有‧翻印必究
ISBN 978-626-7293-80-5
Printed in Taiwan‧All Rights Reserved
本書如遇缺頁、購買時即破損等瑕疵，請寄回本社更換

國家圖書館出版品預行編目 (CIP) 資料

頂尖大學的高效思考課：如何用創意解決難題？數學家校長的
腦力特訓班／愛德華‧伯格 (Edward B. Burger) 著／張簡守展
譯｜二版｜新北市｜大寫出版｜大雁出版基地發行｜2024.10
140 面｜14.8*20.9公分｜使用的書in Action!：HA0093R
ISBN 978-626-7293-80-5（平裝）

1.CST: 創造性思考

176.4　　　　　　　　　　　　　　　113010501

in Action!
使用的書

in Action!
使用的書